Arnold Breymann

Adam und Eva in der Kunst des christlichen Alterthums

Arnold Breymann

Adam und Eva in der Kunst des christlichen Alterthums

ISBN/EAN: 9783743490024

Hergestellt in Europa, USA, Kanada, Australien, Japan

Cover: Foto ©ninafisch / pixelio.de

Manufactured and distributed by brebook publishing software (www.brebook.com)

Arnold Breymann

Adam und Eva in der Kunst des christlichen Alterthums

Adam und Eva
in der Kunst
des christlichen Alterthums.

Erster Abschnitt:
Die Monumente.

Inaugural-Dissertation
zur Erlangung
der philosophischen Doctorwürde
an der
Königl. Preuss. Georg-Augusts-Universität zu Göttingen

von

Arnold Breymann.

Wolfenbüttel,
Druck von Otto Wollermann.
1893.

Einleitung.

Die Abfassung einer Monographie über ein einzelnes Motiv aus dem reichen Schatze der bildenden Kunst bedarf heute keiner besonderen Rechtfertigung mehr. Solche entwicklungsgeschichtlichen Studien, deren Nutzen von den Vertretern der „klassischen Archäologie" schon seit geraumer Zeit erprobt ist, haben neuerdings auch auf dem Gebiete der christlichen Kunst Eingang gefunden[1]), und die Anwendung dieser „ikonographischen" Betrachtungsweise hat sich so gut bewährt, dass man mehrfach die Forderung ausgesprochen hat, die Anfänge, die in dieser Beziehung gemacht sind, durch ähnliche Arbeiten zu vervollständigen.

Einen bescheidenen Beitrag zur Erfüllung dieser Forderung möchte auch unsere Untersuchung liefern. Die vorliegende Arbeit umfasst allerdings nur die früheste Periode der sogenannten neueren Kunstgeschichte, die Kunst des christlichen Alterthums.

---

[1]) Z. B. *Strzygowski, Ikonographie der Taufe Christi*, München 1885, *J. Ficker, die Darstellung der Apostel in der altchristlichen Kunst*, Leipzig 1887, *M. Schmid, die Darstellung der Geburt Christi in der bildenden Kunst*, Stuttgart 1890, *Dobbert, das Abendmahl Christi in der bildenden Kunst im Repertorium für Kunstwissenschaft* 1890, 1891, 1892.

Doch ist eine gesonderte Betrachtung von „Adam und Eva" in der altchristlichen Kunst berechtigt, weil die Geschichte der ersten Stufe, der Grundlage aller späteren, einen in sich völlig abgeschlossenen Charakter besitzt.

Mit Jahreszahlen ist diese Periode nicht genau zu fixiren. Jedoch hebt sie sich durch ihre charakteristischen Merkmale deutlich und leicht erkennbar von allen anderen ab. Am kürzesten trifft man ihre Eigenart, wenn man sie als christliche Kunst in spätrömischem Gewande bezeichnet. Von rein formalem Gesichtspunkte aus gehört sie zur Antike. Formensprache und Stil sind durchaus römisch. Nur die Stoffe zu den Darstellungen werden einem neuen Gedankenkreise entnommen, und das allein rechtfertigt eine Trennung der christlichen von der paganen Kunst.

Im allgemeinen erstreckt sich diese Erscheinungsform der christlichen Kunst in spätantiker Hülle auf die sieben ersten christlichen Jahrhunderte. In Rom geht es mit ihr früher zu Ende als in den Provinzen des Westens, und im Osten verändert sie allmählich ihr Gesicht und nimmt die Züge der „byzantinischen" Kunst an.

Zu der Geschichte des ersten Menschenpaares in der Kunst des christlichen Alterthums sind Vorarbeiten in beträchtlicher Anzahl vorhanden. Aufser den kurzen Andeutungen der Katakombenwerke älteren und jüngeren Datums[1]) und verschiedenen Winken in kleineren Aufsätzen und Schriften[2]) kommen vor Allem die betreffen-

---

[1]) *Roma sotterranea* von *Bosio, Aringhi, Bottari, De Rossi, Northcote and Brownlow,* franz. von *Alard,* deutsch von *Kraus; Perret, les catacombes de Rome, Paris* 1851. *Roller, les catacombes de Rome. V. Schultze, die Katakomben, Leipzig* 1882.

[2]) *Piper, der altchristliche Bilderkreis, Berlin* 1853. *V. Schultze, archäologische Studien. Wien* 1880. *Springer, Genesisbilder in der*

den Artikel in *Martigny's Dictionnaire des antiquités chrétiennes* und in *Kraus' Real-Encyclopädie der christlichen Alterthümer* in Betracht. Auch *Garrucci* widmet „Adam und Eva" ein Kapitel im ersten Bande seiner grofsen *Storia dell' arte cristiana*. Endlich existiren bereits zwei Monographieen über unser Thema. Die erste von *C. Friedrich* erschien 1879 im VI. Jahrgang der „*Wartburg*" unter dem Titel „*die bildlichen Darstellungen des Adam und der Eva im christlichen Alterthum*". Dieser Aufsatz enthält aber nur Ausführungen im Anschlufs an einzelne Monumente und ist mehr in populärem als wissenschaftlichem Tone gehalten. Auf die mannigfachen zum Widerspruche herausfordernden Behauptungen werden wir im Laufe unserer Untersuchung zurückkommen. Unabhängig von *Friedrich's* Arbeit schrieb Dr. *Franz Büttner* seine Abhandlung über „*Adam und Eva in der bildenden Kunst bis Michel Angelo*"[1]), in deren erstem Kapitel er von Seite 8 bis 18 die Kunst des christlichen Alterthums bespricht. Irrthümer und Ungenauigkeiten, welche in allen Theilen seiner Schrift vorkommen[2]), fehlen auch auf den der

Kunst des frühen Mittelalters, Leipzig 1884. Wilpert, Principienfragen der christlichen Archäologie, Freiburg 1889. Wilpert, Römische Beiträge zur christlichen Archäologie. (Zeitschrift für katholische Theologie, 1888 S. 159 ff.) und andere.

[1]) „Dritte" Auflage, *Leipzig, Verlag zum Greifen*.

[2]) Hier nur ein Beispiel: Auf S. 24 wird als „*einziges Denkmal der frühesten byzantinischen Kunst, auf dem die Schöpfung dargestellt ist .... der berühmte Stuhl des Maximinianus mit der Jahreszahl 549*"(!) genannt. Die Scene, welche von B. als Schöpfung der Eva erklärt und ausführlich beschrieben wird, ist — die Taufe Christi. Die nackte Figur des Heilands hat B. für Eva, den Jordan für Adam, den in Felle gehüllten Johannes für Gottvater gehalten. Die herabschwebende Taube und die adorirenden Engel haben diese Annahme nicht zu erschüttern vermocht!

altchristlichen Kunst gewidmeten Seiten nicht. Da *Büttner* ferner oft nichts als freie Uebersetzungen von *Garrucci* gibt, so haben seine Ausführungen keinen selbständigen wissenschaftlichen Werth.

Wenn wir jetzt unsererseits den Versuch wagen, die Geschichte von Adam und Eva in der altchristlichen Kunst zu schildern, so glauben wir hauptsächlich in zwei Punkten von den bisherigen Behandlungen unseres Themas abweichen zu sollen. Zunächst muss, damit das Bild einigermafsen richtig gezeichnet werden kann, das Material der Denkmäler in gröfserem Mafse als bisher in den Bereich der Untersuchung gezogen werden. Wir werden uns also nicht blos an die hervorragendsten Denkmäler halten, sondern gleichmäfsig die ganze Reihe der Monumente, soweit sie uns bekannt geworden sind, in Betracht ziehen [1]). Sodann haben alle die genannten Bearbeitungen das Hauptgewicht auf die Erforschung des symbolischen Gehalts der Darstellungen gelegt. Zweifellos ist die Frage nach der „Bedeutung" der Bilder eine höchst wichtige, und es ist begreiflich, dafs auch die Gelehrten, welche im Zusammenhang anderer Ausführungen nur vorübergehend auf „Adam und Eva" zu sprechen kamen, eine allgemein befriedigende Antwort zu geben versuchten. Doch die grofse Zahl der vorgeschlagenen Deutungen hat das Problem nicht gelöst, sondern nur verschärft, und eine bunte Menge von Hypothesen, die zum Theil einander aufs schärfste widersprechen, ist aufgestellt. Die Hauptschuld daran scheint

---

[1]) Bei der Beschreibung der Bildwerke konnten in den meisten Fällen die Originale verglichen werden. Wo das, wie z. B. bei den gallischen und spanischen Sarkophagen, unmöglich war, waren jedesmal die besten der vorhandenen Publicationen mafsgebend.

mir ein Fehler in der Methode zu tragen. Man entwickelt zuerst eine Theorie, man construirt sich aus allgemeinen Voraussetzungen, im besten Falle aus den Zeugnissen kirchlicher Schriftsteller die Gedanken zusammen, die vielleicht durch die bildliche Darstellung symbolisirt werden könnten, und benutzt nachher die Monumente nur als Beweise für die a priori aufgestellten Raisonnements. Wir wollen den entgegengesetzten Weg einzuschlagen versuchen. Der Blick soll nicht getrübt werden durch Ueberlegungen, was die Bilder vielleicht zu bedeuten haben, sondern möglichst unbefangen wollen wir zunächst die Monumente selbst betrachten und erst dann, wenn wir sie alle kennen, soll die Frage nach der Bedeutung zur Erörterung kommen.

Doch vorher ist nach etwaigen vorchristlichen Darstellungen von Adam und Eva Umschau zu halten, zumal dieselben von einigen Forschern erwähnt und besprochen werden. *Büttner* bildet einen „altbabylonischen Cylinder" ab, in dessen bildlichem Schmuck er eine „nichtbiblische" Darstellung von Adam und Eva „gefunden" haben will[1]. Mit gleichem Rechte hätte er die von *Münter*[2] mitgetheilten Darstellungen aus der ägyptischen und altindischen Kunst mit den Stammeltern des Menschengeschlechtes in Zusammenhang bringen können. Doch müssen wir uns all diesen Bildwerken gegenüber durchaus neutral verhalten. Selbst wenn sie sich wirklich auf eine unserer

---

[1] Dieser zuerst von *Layard* publicirte Cylinder wurde schon von *Lundy*, *Monumental Christianity*, New York 1876 p. 397 mit christlichen Adam- und Eva-Darstellungen in Verbindung gebracht.

[2] *Sinnbilder und Kunstvorstellungen der alten Christen*, Altona 1825 Tafel VIII, 31 und 32.

Sündenfallserzählung ähnliche Sage bezögen, so haben sie doch auf keinen Fall zu der altchristlichen Kunst irgend welche Beziehung. In einem anderen Verhältnifs stehen wir zu der Antike, dem Mutterboden der altchristlichen Kunst. Haben sich hier schon Darstellungen von Adam und Eva eingeschlichen, wie des öfteren behauptet worden ist, dann würde diese Thatsache bei der noch gründlich zu erörternden Frage nach dem Ursprung der altchristlichen Darstellung des ersten Menschenpaares eine grofse Rolle spielen. Es handelt sich hier vor Allem um den kleinen „Prometheussarkophag" des kapitolinischen Museums [1]). Diesen Sarkophag hat man mehrfach als Beispiel eines Synkretismus in der Kunst herbeigezogen. Noch *Lübke* findet bei der Besprechung des genannten Monumentes „*dafs sich mit den allegorisch aufgefafsten Mythen schon die Anschauungen des Christenthums verbinden*"[2]). Die Gestalt in der Quadriga wird allerdings heute schwerlich noch jemand für Elias halten wollen, wie sie früher erklärt wurde. Doch die äufsere Gruppe auf der linken Seitenfläche scheint auf den ersten Eindruck den Wortführern des Synkretismus Recht zu geben.

Am Fufs eines Baumes — es ist vielleicht ein Lorbeer, jedenfalls keine Palme, wie *Millin*[3]) will — steht eine nackte Frau. Ihre Haltung drückt vollständige Apathie aus. Die Augen blicken in's Leere, gleich denen eines

---

[1]) Abbildungen: *Bassirilievi del Museo Capitolino* tav. 25. *Millin, Mythologische Galerie*, Tafel 113. *Müller-Wieseler, Denkmäler* I Nr. 405. *Baumeister, Denkmäler* III S. 1413.

[2]) *Geschichte der Plastik* I, S. 206.

[3]) Text zur *Mythologischen Galerie*, deutsche Ausgabe. Berlin 1836, S. 66.

Menschen mit abwesendem Geiste. Die Hände sind wie zufällig vor ihrer Blöfse zusammengelegt[1]). Rechts neben ihr erhebt sich ein Felsblock, auf welchem ein nackter Mann steht, den Kopf nach links oben gewendet. Seine linke Hand hängt am Körper herab und deckt wie zufällig seine Scham. Die Rechte ist erhoben wie im Erstaunen oder Erschrecken über ein aufsergewöhnliches Ereignifs[2]). Wer ist dieses Menschenpaar? Man hat vielfach „Adam und Eva" als Deutung vorgeschlagen[3]). Wenn hier aber eine Scene aus der Geschichte des Sündenfalls dargestellt ist, so kann nur der Augenblick veranschaulicht sein, wo Adam nach seinem Vergehen die Stimme Gottes hört. Nur darauf könnte die Gebärde des Mannes bezogen werden. Dafs nun eine solche Illustration des einen Verses Gen. 3, 9, welche eine genaue Kenntnifs der Erzählung voraussetzt, von einem heidnischen Künstler erfunden wurde, ist nicht denkbar[4]). Eine selbständige Erfindung müfste man aber wohl oder übel annehmen, da diese Scene in der altchristlichen

---

[1]) Die Worte *Büttner's* a. a. O. S. 11: „*Das Weib hält sich mit beiden Händen die Scham zu*" legen in die Gebärde eine Absichtlichkeit, die ihr durchaus fehlt.

[2]) Der Mann langt nicht an den Baum, um eine Frucht — eine solche ist gar nicht vorhanden — herabzuholen (gegen *Friedrich*).

[3]) *Creuzer*, *Symbolik u. Mythologie*, 3. Ausg. Band IV S. 456 ff. *Böttiger*, *Ideen zur Kunstmythologie*, herausgegeben von *Sillig*, S. 380 u. 540. *K. O. Müller*, *Handbuch der Archäologie*, 3. Auflage, S. 638. *Piper*, *Mythologie u. Symbolik* I, S. XXII. *Garrucci*, *Storia* V p. 139. *Friedrich* a. a. O. *Büttner* a. a. O.

[4]) *Friedrich's* Behauptung, Adam ergreife die Initiative, „*weil der heidnische Künstler den Sinn der biblischen Darstellung nicht ganz erfafste*", bedarf keiner Widerlegung.

Kunst vor den Buchillustrationen überhaupt nicht vorkommt. Auſserdem muſs man doch voraussetzen, daſs, wenn ein einziger alttestamentlicher Vorwurf mitten zwischen Darstellungen aus der antiken Mythologie auftaucht, der Künstler eine bestimmte Absicht damit verfolgte; hier aber sind Adam und Eva nichts als störende Elemente, die sich auf keine Weise in den klaren Gedankengang der Composition hineinzwängen lassen. Somit können wir die Beziehung der beiden nackten Menschen auf Adam und Eva nur als höchst zweifelhaft und unwahrscheinlich bezeichnen. Es ist freilich zuzugeben, daſs die oben angeführten Bedenken nicht stichhaltig sind, solange nicht eine andere, befriedigende Erklärung des Menschenpaares gegeben ist. *Panofka's* Deutung als Deukalion und Pyrrha bei der Fluth[1]) ist ein leeres Auskunftsmittel. Eher lieſse sich mit *Millin* an zwei Wilde im Naturzustande denken, denen Prometheus das himmlische Feuer noch nicht gebracht hat[2]). Am wahrscheinlichsten ist es indessen nach den wohlbegründeten und einleuchtenden Ausführungen *Otto Jahn's*[3]), daſs hier die

---

[1]) *Annali dell' instituto* 1832 p. 80.
[2]) *Mythologische Galerie* S. 66.
[3]) *Annali dell' instituto* 1847 p. 321 ff. Jahn's Hauptgrund ist die Aehnlichkeit des Ideenkreises auf einem Sarkophag des Louvre (Clarac, *Musée de sculpture*, pl. 215 Nr. 433), wo neben der Schmiede des Vulcan der Prometheus dargestellt ist, wie er den Menschen das Feuer bringt. Garrucci (*Storia* V p. 139) hat die klaren Worte Jahn's völlig missverstanden, wenn er sagt: „*Il Jahn invece stima che l'uomo sia Prometeo il quale rapisca il fuoco e la donna sia la natura umana, che deve egli animare con quel fuoco*". Guignaut (*Annali* 1817 p. 325) erklärt sich mit Jahn einverstanden. Garrucci's Verweis auf Guignaut ist unrichtig und scheint auf einer Verwechselung der *Remarques* zu dem Jahn'schen Artikel mit der Ausgabe der Creuzer'schen *Religions de l'antiquité* zu beruhen.

Scene des Feuerbringens hat dargestellt werden sollen, dafs jedoch der ausführende Handwerker irrthümlicher Weise die Hauptperson seiner Vorlage, den Prometheus mit dem geraubten Brande ausliefs. Ein Gegenstand aus der antiken Mythologie ist hier also dargestellt, nicht aber eine Scene aus der Geschichte Adams und Evas[1]).

Wesentlich einfacher ist die Erklärung eines anderen Erzeugnisses der klassischen Kunst, dessen bildlichen Schmuck man früher ebenfalls für eine Darstellung der beiden Stammeltern des Menschengeschlechtes gehalten hat. Der schöne Cameo mit dem Wettstreit der Athena und des Poseidon, welcher sich in dem Pariser Cabinet des médailles befindet[2]), trägt eine moderne Fassung, der man in hebräischen Lettern die Worte Genesis 3, 6 eingegraben hat. Die Schlange am Fufse des Oelbaumes zwischen den beiden Göttern und die verschiedenen Thiergestalten, mit welchen die Predelle verziert ist, haben, wie es scheint, dazu verleitet, die Scene auf den Sündenfall zu beziehen. Selbstverständlich steht der Mann, welcher sich auf die τρίαινα stützt, und die behelmte Göttin nicht im Geringsten mit Adam und Eva in irgendwelchem Zusammenhang. Um so mehr gibt es zu Ver-

---

1) Nur beiläufig werde der sonderbare Einfall *Böttiger's* (*Ideen zur Kunstmythologie* S. 392) erwähnt, auf einem Sarkophag des Louvre (*Millin*, *Voyage dans les départements du midi* pl. 65; *Clarac*, *Musée de sculpture* pl. 216) die Gruppe von Amor und Psyche(?) zu Füfsen des Neptun auf die Protoplasten zu beziehen, eine Erklärung, die denselben Werth hat, wie die Deutung der links folgenden Gruppe als Brudermord Kains.

2) Oft abgebildet. Am besten in der *Gazette Archéologique* 1886 pl. 3. Seine Aechtheit wurde bestritten von *Köhler*, *gesammelte Schriften* III S. 102. Vergl. dagegen *Stephani*, *compte rendu* 1872 p. 136 und *Anatole Chabouillet*, *Gazette* 1886 p. 174 f.

wunderung Anlaſs, wenn noch in einem 1876 erschienenen Werke zu lesen ist: „*Like the Apamean medal respecting the flood this is a pagan greek embodiment of the story in Genesis respecting the fall of Adam and Eve*".[1])

Weitere Darstellungen aus dem Gebiete der antiken Kunst sind für Adam und Eva nicht in Anspruch genommen[2]). Aber die Antike ist noch in anderer Weise mit den christlichen Adam- und Evadarstellungen in Verbindung gebracht. Ihre Hauptmotive zu der Schöpfung ihres Adam- und Evatypus soll die christliche Kunst der Antike entlehnt haben, wie mehrfach ausgeführt ist. Wie steht es damit? Auch diese Frage ist besser zu beantworten, wenn die Darstellungen des ersten Menschenpaares der Reihe nach betrachtet sind.

---

[1]) *Lundy, Monumental Christianity* p. 398.

[2]) Das Votivrelief von Benevent, in welchem *De Vita (Thesaurus antiquitatum Beneventanarum dissert. sec.* p. 72 ff.) eine Adam- und Evadarstellung zu erkennen glaubte, gehört nicht eigentlich hierher, weil es sich nach D. V. nicht um ein paganes, sondern um ein von einem christlichen Künstler geschaffenes Bildwerk handelt. Uebrigens wird die abenteuerliche Deutung des unter dem Baume schlafenden Weibes (Hesperide) als Eva und des äpfelpflückenden Mannes mit Fell und Keule als Adam heute keinen Vertheidiger mehr finden.

Erster Theil.
(Freskomalereien der Cömeterien, Sarkophagreliefs, gleichzeitige Produkte der Kunstindustrie.)

I. Die Monumente.

a. Adam und Eva in den Katakomben.

Unter den erhaltenen Monumenten finden sich die frühesten Darstellungen der Voreltern auf den Fresken der Gräberanlagen. Deshalb kommen auch die Malereien derselben zuerst zur Besprechung. Das erste Menschenpaar ist freilich in dem Bilderkreise der Katakomben weniger häufig vertreten als z. B. der gute Hirt, Noah in der Arche, die Jonasgeschichte, Daniel zwischen den Löwen, die drei Hebräer im Feuerofen oder die Auferweckung des Lazarus. Jedoch steht die Zahl seiner Darstellungen in der Reihe der seltener abgebildeten biblischen Scenen entschieden voran.

Bei der jetzt anhebenden Betrachtung der theils noch heute erhaltenen, theils nur noch aus Abbildungen bei Bosio und seinen Nachfolgern bekannten Fresken mit Adam und Eva sei eine möglichst chronologische Reihenfolge gewahrt.

Die Protoplasten begegnen schon unter den Bildern, welche zu den ersten von christlicher Phantasie geschaffenen gehören. Im oberen Stockwerk der Katakomben von San Gennaro dei Poveri zu Neapel trägt die Decke des Vorraums unter einer Fülle rein-antiker Decorationsmotive drei Scenen specifisch christlichen Inhalts. Während die Deutung zweier schwankt, ist über die dritte kein Zweifel möglich, hier sind zum ersten Male die Stammeltern des Menschengeschlechtes dargestellt[1]).

Rechts im Vordergrunde steht Adam. Er ist im Begriff sich zur Seite zu wenden, wie die Schrittstellung und die leichte Drehung seines bartlosen, kurzhaarigen Kopfes andeutet. Mit der Linken hält er einen Laubkranz fest, der, um seine Hüften geschlungen, die einzige Bekleidung seines Körpers bildet. Mit der Rechten scheint er auf den im Hintergrunde stehenden Baum zu deuten, dessen leicht gewundener Stamm rechts oben einen Auswuchs trägt, und dessen Krone durch flüchtig aber nicht ungeschickt angedeutetes Laubwerk ohne botanisch zu bestimmende Gestaltung gebildet wird. Links von diesem Baume ist Eva dem Manne parallel dargestellt, die sich wie Adam, nur nach der entgegengesetzten Seite, ein wenig aus der Scene abkehrt, aber mit dem Auge nach ihrem Manne zurückblickt. Ihr reiches Haar ist auf dem Scheitel in einem Knoten zusammengenommen. Mit der Linken faßt sie den Laubkranz, welcher ihre Blöße verhüllt, während sie in der bis zur Brusthöhe erhobenen Rechten eine runde Frucht hält[2]).

---

[1]) Die Ansicht *Scherillo's*, daß hier Bacchus und Ariadne dargestellt seien, ist allgemein aufgegeben. Abbildungen bei *Bellermann, die Katakomben von Neapel* Tafel 5,1. *Garrucci, Storia* tav 95 und 96,1. *Appell, Monuments of early Christian art* p. 65. *V. Schultze, die Katakomben von San Gennaro dei Poveri zu Neapel*, Tafel 5 und 6,1. *Schultze, die Katakomben*, S. 93.

[2]) So nach der Abbildung bei *Garrucci* und *Schultze*, die das Richtige zu geben scheint; *Bellermann* bildet den rechten Arm der Eva nur bis zum Ellenbogen ab.

Die Gesammtdarstellung zeichnet sich durch grofse Zierlichkeit aus. Die Formengebung ist ganz die der klassischen Kunst. Sicherheit der Zeichnung, Verständnifs für nackte Körperformen, Beobachtung der richtigen Proportionen, die graziöse Leichtigkeit der Bewegung, alles das athmet den Geist der Antike. Selbst bei der Abbildung *Bellermann's*, die doch nach *Schultze* „kaum ein Schatten des Originals" ist[1]), wird man an pompejanische Wandbilder erinnert. So können diese Deckenmalereien nur einer den letzten Tagen Pompei's noch nicht fernen Zeit entstammen, und so werden sie spätestens in den Anfang des zweiten Jahrhunderts zu setzen sein[2]).

Soweit die vorhandenen Denkmäler erkennen lassen, bleibt diese erste Darstellung der Voreltern eine geraume Zeit die einzige. Erst über ein Jahrhundert nach der Schöpfung des Neapeler Bildes tauchen Adam und Eva in der altchristlichen Malerei wieder auf, und zwar in Rom, wo sie unter den Katakombenbildern des dritten und vierten Jahrhunderts dreizehnmal nachweisbar sind.

Nr. 1. Theil des Deckengemäldes in *Bosio's cubiculum secundum coemeteri sanctae Agnetis*, heute richtiger *Coemeterium Ostrianum* genannt[3]).

Die Mitte der Scene nimmt der Baum der Erkenntnifs ein. Auf *Perret's* Zeichnung ist es ein Feigenbaum; jedoch ist diese Specificirung eine unbegründete Zuthat jenes „archäologischen Künstlers", und eine botanische Be-

---

[1]) a. a. O. S. 32, Anm.

[2]) *Kraus* (synchron. Tabellen zur Kunstgesch. S. 5) weist sie sogar dem Ausgang des 1. Jahrhunderts zu.

[3]) Abbildungen bei *Bosio, Roma sotterranea* p. 455, *Aringhi R. S.* tom. II p. 103, *Bottari R. S.* tav. 145, *Perret, Catacombes* II pl. 22, 23, 26, *Garrucci, Storia* tav. 63 u. a.

stimmung ist ausgeschlossen, zumal Früchte nicht dargestellt sind. An dem schlanken vierästigen Baume ringelt sich die Schlange empor, welche den Kopf nach rechts, der Eva zu, wendet. Diese steht en face. Ein Laubkranz ist um ihre Hüften herumgelegt und wird mit der linken Hand festgehalten. Ihr in der Mitte gescheiteltes Haar ist, ehe es frei über die Schultern herabfällt, am Hinterkopf zusammengefafst. Die Rechte streckt sie zu dem oberen Aste auf ihrer Seite aus. Die zu gross gerathene Handfläche dürfte *Perret* verleitet haben, sie eine Frucht ergreifen zu lassen. Links steht Adam etwas dem Baume zugewendet. Den Laubkranz, die einzige äufsere Zuthat, hält er mit beiden Händen fest. Der jugendlich-bartlose Kopf mit dem leicht gelockten kurzen Haar ist ein wenig geneigt. Der Maler der Bilder hält sich noch auf einer gewissen Höhe des Könnens. Er hat die Kenntnifs des Nackten nicht verloren, und er entwirft die Figuren flott und nicht ohne Geschick. Dabei giebt er sich Mühe, durch richtige Vertheilung von Licht und Schatten die Körper durchzumodelliren. Auch Angaben kleiner Details, wie Nabel und Brustwarzen verschmäht er nicht. Die Haltung und Bewegung der Gestalten ist im Ganzen frei und ungezwungen, wenn auch das übertriebene Heraustreten der linken bezw. rechten Hüfte allzudeutlich das Bestreben des Malers verräth, seinen Figuren eine gefällige, elegante Stellung zu geben. Unter den römischen Adam- und Evadarstellungen nimmt dieses Fresko in künstlerischer Beziehung ohne Frage die erste Stelle ein. Auch chronologisch wird es deshalb den Reigen eröffnen, und wir dürfen daher mit einiger Wahrscheinlichkeit die letzten Dezennien des dritten Jahrhunderts für die Entstehung dieses Bildes in Anspruch nehmen¹).

Nr. 2 an der Bogenwand eines Arcosols im Cubiculum III derselben Katakombe²).

Man sieht beide Protoplasten in der schon beobachteten Frontstellung, Adam rechts, Eva links. Sie sind nackt und decken ihre Blöfse mit einem, besonders bei dem Weibe, schlecht erhaltenen Blätterschurz, den sie mit beiden kreuzweis übereinander gelegten Händen festhalten. Eva trägt ihr Haar gescheitelt; lange Locken fallen über den Nacken auf die Schulter. Adam hat kurzes Haar und ist unbärtig. Zwischen beiden steht der Baum. Der glatte Stamm trägt eine weit verzweigte Krone, welche die Menschen beschattet. Das jetzt sehr verblafste Laubwerk ist wie immer mit wenigen Pinselstrichen angedeutet und zeigt keine charakteristische Gestaltung. Die grau-grüne Schlange, welche sich von unten nach oben um den Stamm ringelt, scheint ihren Kopf dem Weibe zugedreht zu haben³). Wenn auch dieses Fresko nach *Lefort* (l. c. p. 48) noch dem dritten Jahr-

---

1) *Wilpert, römische Beiträge*, S. 159. — Ein durchgeführter Versuch, die altchristlichen Malereien chronologisch zu bestimmen, bei *Lefort, Chronologie des peintures des catacombes romaines (études sur les monuments primitifs de la peinture chrétienne*, Paris 1885) dessen Resultate von *Pohl, die altchristliche Fresko- und Mosaikmalerei*, Leipzig 1888, verwerthet sind. Unser Fresko ist bei *Lefort* unter Nr. 42, bei *Pohl* unter Nr. 56 besprochen.

2) *Bosio* p. 461. *Aringhi* p. 199. *Bottari* tav. 148. *Perret* II. pl. 39 u. 41. *Garrucci* tav. 64, 2.

3) Heutzutage nicht mehr deutlich erkennbar. *Perret* hat hier die altchristliche Ikonographie aus eigenen Mitteln um ein phantastisches Stück bereichert. Die Schlange läuft auf seiner Publication in einen menschenähnlichen Oberkörper aus.

hundert zugeschrieben werden kann, so scheint es doch später als das vorher besprochene entstanden zu sein, denn es führt auf der Staffel der Kunst deutlich eine Stufe abwärts. Abgesehen davon, dafs die todte Ruhe in der Stellung der Menschen dem Bilde einen viel monotoneren Charakter aufprägt, als ihn Nr. 1 besitzt, ist auch der Entwurf der Figuren in den Proportionen unrichtiger und die Zeichnung nachlässiger und flauer, die Malweise grober und flüchtiger.

Nr. 3 und 3a. Gleichfalls im *Coemeterium Ostrianum*, und zwar als Decorationsstücke zweier einander schräg gegenüberliegender Arcosolien, welche in ihrem Bilderschmuck fast genau übereinstimmen. Das ältere und vollkommenere, aber schlechter erhaltene Gemälde ist noch nicht abgebildet und nur bekannt durch die Erwähnung *Lefort's* (Nr. 45) und *Pohl's* (Nr. 59). Ein durch Ornamentstreifen gebildetes Oval an der rechten Seite der Bogenwölbung trägt die Darstellung des geheilten Gichtbrüchigen[1]). Rechts und links von der Umrahmung sind die Gestalten der Protoplasten angebracht, die hier losgelöst von allem Zusammenhang der biblischen Erzählung zu blossen Decorationsfiguren geworden sind. Bis zu den Knieen sind sie abgebildet, beide in Frontstellung mit enggeschlossenen Beinen, die Köpfe im Halbprofil nach der Mitte, in beiden Händen einen grossen Straufs ausgezackter Blätter vor ihre Blöfse haltend. Der Typus des rechts stehenden Adam entspricht der Darstellung des Mannes auf den vorherbesprochenen Fresken. Eva trägt langes, über die Schulter herabwallendes Haar.

---

[1]) *Lefort* und *Pohl* sprechen von einem „kleinen Oranten". Doch ist die Kline wie auch bei Nr. 3a deutlich sichtbar.

Die Durchführung der Details lässt Manches zu wünschen übrig, aber die Zeichnung der Gestalten ist im Wesentlichen gut und ohne gröbere Fehler. So wird sich gegen *Lefort's* Ansetzung dieses Bildes in die zweite Hälfte des dritten Jahrhunderts nicht viel einwenden lassen. In spätere Zeit und mindestens in den Ausgang des dritten Saeculum führt die Copie unseres Bildes, mit der das schräg gegenüberliegende Arcosol ausgestattet ist[1]). Hier sind die Stammeltern, welche wie auf Nr. 3 die Gestalt des geheilten Gichtbrüchigen einrahmen, in ganzer Figur dargestellt. Sie entsprechen bis auf das Schema der Stellung ihren Vorbildern wenig, denn die Körperverhältnisse sind unrichtig — die grofsen Köpfe und breiten Schultern stehen in unangenehmem Mifsverhältnisse zu den kleinen, zierlichen Beinen — die Conturen breit und hart, und überhaupt ist die ganze Ausführung roh und ungeschickt.

Dem Ausgange des dritten Jahrhunderts wird ferner die Entstehung eines im Jahre 1888 in der *Priscilla-Katakombe* entdeckten Fresko zuzuschreiben sein, welches im *Bulletino di archeologia cristiana* von 1888/89 tav. 3 nach einer Zeichnung *Wilpert's* veröffentlicht wurde[2]) (Nr. 4).

Auf der linken Bogenseite einer arcosol-ähnlichen Nische finden sich rechts auf den Ueberbleibseln feinen weifsen Stuckes die stark verblafsten Reste einer Jonasdarstellung. Links folgt unmittelbar auf die Kürbislaube, unter welcher der Prophet ruht, ein Baum mit dichter, vollbelaubter

---

[1]) Ungenau abgebildet bei *Perret* II. pl. 48 und *Garrucci* tav. 67.

[2]) Vergl. *De Rossi* im *Bulletino* 1888/89 p. 11 und *Wilpert* in der *Römischen Quartal-Schrift* 1888 S. 89.

Krone. Neben diesem Baume erhebt sich eine grün-gelbliche Schlange frei und ohne Stütze, den Kopf nach rechts wendend. Wie der mehrfach gewundene Schlangenkörper mit dem Erdboden in Berührung steht, kann leider nicht mehr festgestellt werden, da der untere Theil des Schlangenleibes mit dem Stuck verschwunden ist. Den Abschluſs des Gemäldes bildet Eva, eine unnatürlich langgestreckte, schmale Figur in Frontstellung, dem Baume an Gröſse fast gleichend. Ihre Nacktheit verhüllt sie mit einem Blätterstrauſse, dem sie mit beiden Händen Halt giebt. Von Interesse ist die Haartracht des Weibes, welche der Mode des dritten und vierten Jahrhunderts entspricht: Eine runde Flechte liegt auf dem Scheitel, und das übrige Haar ist auf beiden Seiten des Kopfes über das Ohr gelegt und am Hinterhaupt befestigt[1]). Adam ist nicht dargestellt. Man könnte annehmen, daſs sich im Laufe der Jahre jede Spur von seiner Gestalt verloren habe; doch ist der einzige Platz, wo er gestanden haben könnte, nämlich zwischen Baum und Kürbislaube für eine der Eva entsprechende Männerfigur viel zu schmal. *Wilpert* a. a. O. glaubt, daſs er rechts von dem ruhenden Jonas auf der jetzt zerstörten Bildfläche dargestellt war, sodaſs die beiden Protoplasten das Bild des Propheten eingerahmt hätten. Es ist aber zu bedenken, daſs eine derartige Anordnung auf's Gröbste gegen die in der altchristlichen Kunst mit fast pedantischer Strenge beobachteten Regeln der Symmetrie verstoſsen würde. Wollte man die Figuren der ersten Menschen als Einfassung eines anderen Bildes benutzen, warum verfuhr man nicht,

---

[1]) Man vergl. z. B. die Haartracht der Dionysas in S. Callisto oder anderer Oranten.

wie bei 3 und 3a, sondern gesellte der Eva Baum und Schlange bei? — Ist es nicht bei den oft bemerkten Seltsamkeiten, ja Irrthümern altchristlicher Bildwerke fast wahrscheinlicher, dafs der Maler aus Raummangel oder aus einem individuellen uncontrollirbaren Grunde Adam ganz ausgelassen hat?

In das vierte Jahrhundert führen uns die Adam- und Eva-Bilder der Katakombe *S. S. Pietro e Marcellino*, deren frühestes nach *Lefort* (p. 63) um die Wende des dritten zum vierten Jahrhundert anzusetzen ist.

Nr. 5. Untere rechte Partie eines Arcosolbogens im Cubiculum XIII [1]).

Das Fresko zeigt uns das erste Menschenpaar in bekannter Auffassung. Der Unterschied von Nr. 2 besteht nur darin, dafs die Protoplasten ein Blatt (Feigenblatt?) zur Verhüllung verwenden, welches Eva mit beiden Händen, Adam mit der Linken hält, während er die Rechte seitwärts erhoben hat [2]), eine Bewegung, die ebenso als Redegestus wie als Ausstrecken der Hand, um etwas in Empfang zu nehmen, verstanden werden kann. An dem Baumstamme, an welchem sich die roth-braune Schlange, den gesenkten Kopf nach links, emporringelt, ist rechts ein dicht unter der wenig laubreichen Krone

---

[1]) Abbildungen bei *Bosio* p. 381. *Aringhi* II. p. 109. *Bottari* tav. 123. *Garrucci* tav. 53, 2. *D'Agincourt, histoire de l'art depuis sa décadence* pl. 9, 1. Die Köpfe gesondert pl. 9, 2 u. 3. Vergl. auch *Lefort* Nr. 74 und *Pohl* Nr. 87.

[2]) Es liegt auf der Hand, wie wenig berechtigt *Büttner* ist, wegen dieser Handbewegung unser Fresko mit der besprochenen Scene des Capitolinischen Prometheus-Sarcophags in engste Beziehung zu bringen, so dafs er annimmt, „*dafs eins dem andern als Vorbild gedient haben mufs*", (a. a. O. S. 11).

befindlicher Astpflock bemerkbar. Die Malweise ist ziemlich unvollkommen und flüchtig. Mit breitem Pinsel sind die Figuren auf den Stuck gestrichen. Durch grob aufgesetzte Lichter ist eine Modellirung der Körper zwar versucht, aber nicht erreicht. Auch die Richtigkeit der Proportionen ist mangelhaft, wie z. B. die Beine auf Kosten des Oberkörpers zu stark betont sind. Trotzdem muſs das Bemühen des Malers, seine Gestalten durch leichte Schrittstellung und durch Handbewegung zu beleben, anerkannt werden.

Nr. 6. Ein Arcosolium einer in der Nähe von *Bosio's* Cub. IX. gelegenen Grabkammer trägt: „*nel sommo della volticella Adamo ed Eva*" [1]).

Im Anschluss an diese beiden Nummern möge die Besprechung zweier leider zerstörter Fresken derselben Katakombe folgen, welche nur durch die stilistisch unzuverlässigen Stiche *Bosio's* und die auf sie zurückgehenden Abbildungen bekannt sind.

Nr. 7. Stück der ehemaligen Thürwand-Decoration des Cubiculum XIV [2]). Die Schlange windet sich hier nicht um den Baum, sondern liegt am Fuſse desselben, den Kopf nach rechts in die Höhe zurückwendend. Die ersten Menschen, die Körper in Frontstellung, die Köpfe einander zugewendet, stehen wie immer zu beiden Seiten des Baumes, und zwar Adam links, und Eva, deren lange Locken über beide Schultern fallen, rechts. Sie halten in beiden Händen das verhüllende Blatt. Ihre

---

[1]) *De Rossi, Bulletino* 1882 p. 114. Abbildungen existiren nicht. Leider waren meine Bemühungen, das Fresko aufzufinden, vergeblich.

[2]) *Bosio* p. 389. *Aringhi* II p. 117. *Bottari* tav. 126. *Garrucci* tav. 55, 2. *Louisa Twining, Symbols and emblems of early and mediaeval christian art*, London 1852 pl. 40.

betrübten Mienen sind auf Rechnung der Publicationen zu setzen. Vielleicht stammt aber die leichte Neigung des Kopfes vom Original.

Nr. 8. Mittelbild eines Arcosolbogens. Nach den Abbildungen[1]) erscheinen die Voreltern in demselben Typus wie auf den früher besprochenen Fresken. Adam steht links, Eva rechts. Mit beiden Händen decken sie einen Blätterstrauſs über ihre Blöſse. Der Mann hat das rechte, die Frau das linke Bein seitwärts gesetzt. Bei der letzteren st das Spielbein im Kniegelenk abgebogen, so daſs die Eva eine Schrittbewegung zu machen scheint. Um den Baum, der zwischen ihnen steht, ringelt sich die Schlange und wendet ihr hundskopf-ähnliches Gesicht dem Weibe zu.

In den Verlauf des vierten Jahrhunderts fallen die drei Darstellungen der Stammeltern in der *Domitilla-Katakombe*, jenes Coemeteriums, welches von *Bosio* und den älteren Forschern mit verschiedenen Namen, z. B. *S. Callisto*, *S. Cecilia* u. s. w., belegt wird:

Nr. 9. Mittelstück eines conchaförmigen Arcosolbogens in *Bosio's cubicolo secondo di Santa Cecilia*[2]). Die in ruhiger Frontstellung gemalten, fast einen Meter hohen Gestalten der Protoplasten, von denen Eva mit einem Haarknoten über der Stirn und auf die Schulter fallenden Locken, Adam mit kurzem Haar dargestellt ist, verhüllen ihre Nacktheit mit einem groſsen Laubkranz, der auch

---

[1]) *Bosio* p. 395. *Aringhi* II. p. 123. *Bottari* tav. 129. *Garrucci* tav. 57.

[2]) Abbildungen bei *Bosio* p. 233, *Aringhi* p. 541, *Bottari* tav. 60, *Garrucci* tav. 23, 1. Vergl. auch *Lefort* Nr. 98 und *Pohl* Nr. 113.

ihre Hände verbirgt. Der dichtbelaubte Baum erhebt sich auf einer kleinen hügelartigen Erhöhung. An seinem glatten Stamm ringelt sich die Schlange empor. Ihr zu Adam sprechender Drachenkopf ist eine Erfindung der Copisten. Auf dem jetzt sehr verblafsten Gemälde ist rechts vom Baume in der Nähe des Weibes der wie auf Nr. 4 und 5 gesenkte und mit keinerlei Sonderheiten ausgestattete Kopf der Versucherin noch erkennbar. Im Vergleich zu den beiden andern in der Domitilla-Katakombe erhaltenen Bildern der Stammeltern hält sich dies Fresko noch auf einer gewissen Höhe. Jedoch gilt auch von ihm, was über die Malweise von Nr. 5 bemerkt wurde, dem es stilistisch sehr verwandt ist und auch wohl zeitlich nahe steht.

Nr. 10 gehört zu dem Schmuck eines Loculus, der in der Nähe des auf *Bosio's* Plan von *San Callisto* mit 32 bezeichneten Cubiculums liegt. Die zuverlässigste Abbildung findet sich bei *Wilpert, die Katakombengemälde und ihre antiken Copien* Tafel XXIV, 1. Alle übrigen Publicationen sind vollkommen unbrauchbar[1]).

---

[1]) Es haben sich zwei nicht veröffentlichte Copien unseres Fresko erhalten, die erste von dem sechsten Zeichner *Ciacconio's* (*Cod. Vallicell. G. 6. fol. 4*, publ. von *Wilpert, Katakombengemälde* T. XIX.) und eine andere von *Bosio's* Zeichner *Toccafondo* (*Cod. Vallicell. G. 6. fol. 140* publ. von *Wilpert* a. a. O. T. XXIII, 2). Diese Copien sind mit grossen Willkürlichkeiten ausgestattet, aber sie geben doch einige schwache Anklänge an das Original. Eine zweite Copie des genannten *Toccafondo* hat indessen den Charakter der Bilder bis zur Unkenntlichkeit verändert. Gerade diese wurde leider von *Bosio* in die Roma sotterranea aufgenommen (p. 273), und von dort ging sie in die Werke *Bottari's, Aringhi's, Garrucci's* (tav. 84, 5) und anderer über. Der gewaltige Baum trägt hier sieben grofse runde Früchte. Eva in aufgelöstem

Ein niedriger Baum mit der um den Stamm geringelten Schlange, welche den gesenkten Kopf nach rechts wendet, füllt die Mitte aus. Links von ihm steht der jugendlich-bartlose Adam, rechts Eva in einer Haartracht wie auf Nr. 4. In steifer Ruhe sind sie dargestellt, wie sie mit beiden Händen ihre Blöfse bedecken. Bei der Dürftigkeit des Motivs kommt das Unvermögen des Malers zu vollem Ausdruck. Nicht lebendigen Menschen, sondern unbeholfenen Puppen gleichen diese beiden Gestalten. Die Körper sind ohne jedes Verständnifs für die zarte Gliederung der nackten menschlichen Figur entworfen, und die Unterschiede der beiden Geschlechter in Wuchs und Bau kommen kaum noch zum Ausdruck. Von dem Formengefühl der klassischen Kunst, welches noch in Neapel eine deutliche Sprache führte, scheint hier jede Spur entschwunden zu sein. Dennoch gehört dieses Bild nicht einer fremden, neuen Phase der Kunstentwickelung an, sondern auch in dieser verkümmerten Gestalt sind die Züge der Antike noch erkennbar, welche langsam verwelkt.

Nr. 11. Die späteste von den in der Domitilla-Katakombe befindlichen Adam- und Eva-Darstellungen nimmt das rechte Feld einer Bogenwölbung ein[1]). Wie gewöhn-

---

wallendem Haar nimmt eine achte Frucht aus dem Munde der Schlange entgegen. Der bärtige Adam tritt näher mit ausgestreckten Armen. — Nur der Umstand, dafs neben der ersten von *Bosio* nicht benntzten Copie *Toccafondo's* „tabula septima" verzeichnet steht, hat darauf geführt, auf der *tabula septima* der Roma sotterranea *Bosio's* in den eben beschriebenen Darstellungen eine zweite Copie unseres Fresko zu entdecken.

[1]) Besprochen von *Wilpert* in der *Röm. Quartalschrift* 1889 S. 291 f., ebenda abgebildet auf Tafel VII.

lich stehen die Protoplasten zu beiden Seiten des Baumes, um dessen Stamm sich die Schlange ringelt. Die Zeit ist an dem Bilde nicht spurlos vorübergegangen: von der Krone des Baumes ist heute fast nichts mehr sichtbar; auch der Kopf der Schlange ist verschwunden. Wahrscheinlich war dieser nach rechts gedreht, wo Eva ihren Platz gefunden hat. Eine kleine Variation des hergebrachten Schemas hat der Maler dadurch versucht, dafs er die beiden Menschen ihre rechten Hände zum Baume ausstrecken läfst, während sie mit den linken die deckenden Blätter halten. Die Bewegung der Arme ist aber so unnatürlich und gekünstelt ausgedrückt, dafs sie mit der Unrichtigkeit der Körperverhältnisse und der Gleichförmigkeit in der Zeichnung des männlichen und weiblichen Körpers in vollem Einklang steht. Auch die Malweise zeigt die Spuren des fortschreitenden Verfalls[1]). Doch wird man mit der Ansetzung nicht über die zweite Hälfte des vierten Jahrhunderts hinabgehen dürfen.

Nr. 12. Den Abschlufs der coemeterialen Freskomalereien mit „Adam und Eva" bildet das Bild in der *regio Liberiana* von *San Callisto*. Im Cubiculum A 11 finden sich unter Spuren von Blumengewinden, flatternden Vögeln und anderen Decorationsmotiven Fragmente einer Darstellung unserer Voreltern. Adam und Eva waren fast in Lebensgröfse abgebildet; doch nur die unteren Partien der Körper sind erhalten. Sie bedecken mit beiden Händen ihre Blöfse, auch sind bei beiden noch Spuren

---

[1]) Vergl. *Wilpert* a. a. O.: „*Die breiten Umrifslinien, die dem Ganzen etwas Starres und Hartes aufprägen, die Armuth in der Auswahl der Farben — fast alle in einem bald helleren, bald dunkleren Rothbraun ausgeführt — sind Anzeichen für den schon eingetretenen Verfall der römischen Kunst.*"

von einem Laubkranz sichtbar. „*I contorni sono pessimi segnatamente nelle braccia di Adamo . . . Lo stile di questi dipinti conviene al secolo quarto adulto e concorda con la cronologia del sotterraneo*¹).

Damit sind die bis jetzt bekannten Darstellungen der Stammeltern des Menschengeschlechtes in den Katakomben erschöpft. Zwei angebliche „Copien" von coemeterialen Fresken mit den Bildern der Protoplasten sind frei erfundene Produktionen der Copisten. Im Cod. Vat. lat. 5409 fol. 20 sehen wir das erste Menschenpaar ohne irgend welche Hülle in ruhiger Facestellung mit gefalteten Händen und den Blick betend zum Himmel richtend. Als Original dieser unerhörten Darstellung ist ein „zürnender Jonas" nachgewiesen²). Aber während diese Abbildung von Adam und Eva uns von der allzugrofsen Phantasie des zweiten Zeichners *Ciacconio's* Zeugnifs gibt, kann für eine „Copie", welche *D'Agincourt* anfertigen liefs (Cod. Vat. lat. 9841) überhaupt kein Original nachgewiesen werden³), eine Thatsache, die um so bedenklicher erscheint, als der Versuch gemacht ist, diesem angeblich aus der *catacomba di San Saturnino* stammenden Fresko dadurch den Stempel der Echtheit aufzudrücken, dafs ein Theil desselben als zerstört angegeben wurde.

---

[1]) *De Rossi, Roma sotterranea* tom. III. p. 253 s. Vergl. *Lefort* Nr. 114, *Pohl* Nr. 125. Jetzt ist das betreffende Cubiculum unzugänglich.

[2]) *Wilpert, die Katakombengemälde und ihre Copien* S. 27 Tafel 13.

[3]) *Römische Quartalschrift* 1890 Tafel XI/XII. Nr. 4. Dazu der Aufsatz *Wilpert's* über *D'Agincourt's* Zeichnungen von Katakombengemälden S. 331 ff.

Glücklicher Weise sind beide Copien niemals durch den Druck veröffentlicht worden, so daſs sie keine Verwirrung anrichten konnten.

Nach der Betrachtung der uns überlieferten Denkmäler ist die Frage zu beantworten, welche Begebenheiten aus der Geschichte der Protoplasten in den besprochenen Bildern dargestellt werden sollten. — Der Stoff zu der Composition konnte nur dem Bibeltext, dem dritten Genesiskapitel, entnommen werden. Doch nur das für das Verständniſs Unerläſsliche ist von den Pinseln der Maler fixirt. Die Scenerie wird auf das Allernothwendigste beschränkt. Der Baum der Erkenntniſs deutet allein auf den Schauplatz der Handlung, das Paradies. Wie er in der Erzählung die Mitte bildet, um die sich die Momente der Handlung gruppiren, so wurde er auch im Bilde am natürlichsten und passendsten in die Mitte gestellt. Die Aufgabe, die Figuren Adams, Evas und der Schlange mit dem Baume in eine Gruppe zu bringen, wird auf die einfachste Weise gelöst. Den Platz links und rechts vom Baume erhalten die beiden Menschen, und die Schlange ringelt sich um den Stamm des Baumes, wodurch sie die Symmetrie nicht stört[1]). So sind die handelnden Personen mit dem Baume zu einer Gruppe vereinigt, und dieses Schema der Aufstellung der Figuren kehrt auf allen Darstellungen mit Ausnahme von 3, 3a und 4 wieder. Nur durch Variationen in der Körperhaltung und Gebärde der Protoplasten wird bald dieser bald jener Moment der Sündenfallserzählung betont. Unter den

---

[1]) Ausnahmen sind Nr. 4 und 7. Ganz ausgelassen ist die Schlange nur auf dem Neapeler Bilde. In der Plastik wird ihr Fehlen öfters bemerkt werden.

erhaltenen Denkmälern kommt am häufigsten der Augenblick nach dem Fall zur Darstellung (Nr. 2, 3, 3a, 4, 7, 8, 9, 10, 12). Das Bedecken der Blöfse mit beiden Händen bei sonst ruhiger Körperhaltung kann nur auf den Moment der erwachenden Scham (Gen. III, 7) bezogen werden. Am klarsten ist dieser Zustand auf Nr. 7 ausgedrückt, wo auch die enteilende Schlange andeutet, dafs sie ihr Werk vollendet hat[1]).

Die Versuchung führt das Neapeler Bild vor Augen. Die verbotene Frucht ist bereits in der Hand der Eva. Die erste Sünde ist im Entstehen. Adam scheint mit seiner auf den Baum gerichteten und zugleich abweisenden Handbewegung andeuten zu wollen, dafs er sich des Verbotes bewufst ist, und die Wendung des Körpers bezeugt, dafs er vorläufig nicht den Willen hat, dieses Verbot zu übertreten. In anderer Weise wird die Vorbereitung zur That auf Nr. 1 aus dem *Ostrianum* geschildert. Adam sieht scheinbar ohne Theilnahme dem Beginnen seines Weibes zu, welches dem Text entsprechend die Initiative ergreift und die Hand nach der Frucht ausstreckt. Mit gröfserer Freiheit dem biblischen Bericht gegenüber verfährt der Maler von Nr. 11, wenn er beide Stammeltern zum Baume greifen läfst und so den Sündenfall der ersten Menschen darstellt. Ein wirklicher Irrthum, ein „Verschreiben" des Malers würde dagegen bei Nr. 5 vorliegen, wenn die Gebärde des Adam nur als Ausstrecken der Hand, um eine Frucht zu er-

---

[1]) *Heuser*, der Verfasser des Artikels „Adam und Eva" in der Realencyclopädie von *Kraus*, citirt dieses Fresko irrthümlicherweise als Basrelief und rechnet mit Unrecht die Darstellung zu der „Vertreibung aus dem Paradiese" (*R. E. S.* 18).

greifen, verstanden werden müfste und nicht als Redegestus aufgefafst werden könnte, so dafs er also in Unterhandlung mit seinem Weibe begriffen schiene, ein in der Erzählung nicht erwähnter, vom Maler frei erfundener Vorgang, welcher besser vor als nach den Fall verlegt wird.

Es könnte auffallen, dafs auch bei diesen vier Scenen die Menschen schon mit den ersten Folgen ihres Thuns behaftet scheinen und schamvoll ihre Blöfse verhüllen. Diese Thatsache scheint durch zwei verschiedene Interessen hervorgerufen zu sein. Zunächst mufste sich die Verhüllung der Scham, von welcher die Bibel erzählt, den Malern als bequemes Motiv für die Darstellung der nackten Menschen mit bedeckter Blöfse darbieten. Zugleich konnte man aber bei der Darstellung des Eingehens auf die Versuchung auch auf die erste Folge der Sünde, das Erkennen der Nacktheit und die Verhüllung derselben, anspielen. Prolepsen werden bekanntlich in der altchristlichen Kunst vielfach beliebt.

Es erübrigt noch auf einige Details der Darstellungen einzugehen. Die Maler konnten ihre Aufgabe nicht darin suchen, den inneren Kampf zwischen Versuchung und Pflichtgefühl zu schildern. Auch hätten sie das niemals erreichen können, selbst wenn sie es gewollt hätten. Ebenso lag es weit über die Grenze ihres Könnens hinaus, die Qual des erwachenden Schuldbewufstseins, welche durch das äufsere Mittel der Verhüllung der Scham veranschaulicht ist, sich auch in dem Gesichtsausdruck der Menschen wiederspiegeln zu lassen. Die Gesichtszüge der Protoplasten sind stets nur allgemeine, typische und lassen nicht auf die innere Erregung der Menschen schliefsen.

Nicht einmal auf den idealisirten Publicationen ist die Seelenstimmung angedeutet. Es ist daher unrichtig, wenn *Münter* sagt: *„Oft ist die Beschämung und Reue über die begangene Sünde sehr gut dargestellt"* ¹). Die beiden Menschen sind stets jugendlich, Adam immer bartlos und kurzhaarig, Eva meist mit einer bestimmten Haarfrisur abgebildet²). Ihre nackten Körper unterscheiden sich in nichts von denen gewöhnlicher Sterblicher; auch der Nabel fehlt nie, denn der Naivetät der altchristlichen Maler lagen solche Reflexionen, wie sie z. B. von *Bottari* (III. p. 64) citirt werden, durchaus fern.

Die Blätter, mit welchen sich die Protoplasten verhüllen, haben bisweilen eine an Feigenlaub erinnernde Gestalt. Es liegt nahe, hier die beabsichtigte Abbildung eines Feigenblattes zu sehen, in Rückblick auf Gen. 3, 7: *„Sie flochten Feigenblätter zusammen und machten sich Schürzen".*

Die Schlange, welche bis auf Nr. 4 den Kopf der Eva zuwendet, ringelt sich von unten nach oben um den Baumstamm³). Auf den erhaltenen Fresken zeigt sie stets

---

¹) *Sinnbilder und Kunstvorstellungen* S. 45.

²) *Friedrich* a. a. O. S. 68 sagt irrthümlich, dafs Adam „*einige Male*" bärtig sei und Eva meist mit aufgelösten Haaren abgebildet werde.

³) Eine Ausnahme ist die merkwürdige Darstellung der Priscilla-Katakombe. Hier scheint durch die aufrecht stehende Schlange die Vorstellung veranschaulicht zu werden, welche man in einigen Kreisen von einem Aufrechtwandeln des Reptils vor seiner Verfluchung durch Gott hatte. Zeugnisse kirchlicher Schriftsteller für diese Auffassung finden sich in den Aufsätzen *Piper's „der älteste christliche Bilderkreis"* in der *Zeitschrift für christliche Wissenschaft und christliches Leben* 1856 Nr. 19 und in der *„Augsburger allgemeinen Zeitung"* 1854, Beilage zu Nr. 307. Ein Widerspruch

die echte Schlangengestalt, und es liegt nahe, ihren Hundskopf auf dem leider verlorenen Bilde Nr. 8 der Phantasie des Copisten zuzuschreiben, wie das bei dem Drachenkopfe auf Nr. 9 nachgewiesen werden konnte. Die Behauptung *Friedrich's* a. a. O. S. 69, dafs Eva „*manchmal*" den Apfel aus dem Munde der Schlange entgegennähme, ist unrichtig. *Münter* a. a. O. will in ihrer „*Physiognomie*" den „*Ausdruck hämischer Freundlichkeit*" entdecken. Auch davon kann natürlich nicht die Rede sein.

Der Baum ist nur wenig gröfser als die Menschen; bisweilen erreicht er nur ihre Höhe. Die alte, seit *Isidorus Pelusiota* oft verhandelte Frage, ob er ein Apfel- oder ein Feigenbaum gewesen, lassen die Fresken offen[1]). Es wird nur die allgemeine Gestalt eines Baumes gemalt, ohne charakteristische Einzelheiten. Da ferner immer die Früchte fehlen, so kann man auch aus ihnen nicht auf die botanische Qualität des Baumes schliefsen. Oefters ist sein Stamm in Folge des Bestrebens der Maler die Natur nachzuahmen, mit einem Astpflock versehen. *Friedrich* (a. a. O. S. 70 ff.) findet darin eine Erinnerung an das *Sedile*, das Sitzholz des Kreuzes, und sieht in dem „*pretentiösen Herausragen*" des Astes eine mystische Verbindung des Sündenfalles mit dem Erlösungstode des Heilands

---

gegen diese Vorstellung wurde im vierten Jahrhundert laut. Procop hat die Didymus-Stelle aufbewahrt τινὲς δὲ ᾠήθησαν ὀρθιόν ποτε τὸν ὄφιν εἶναι κτλ, vergl. *Piper* a. a. O.

[1]) Vergl. *Molanus, de historia sanctarum imaginum et picturarum* ed. *Paquat* p. 90. Neuerdings berührt in der Kontroverse zwischen Rönnecke (*Roms christl. Katakomben* S. 63) und De Waal (*Roms Katakomben und Pastor Rönnecke*). — *Wilpert, römische Beiträge*, sagt nicht zutreffend: „*Der Baum ist auf den Fresken immer ein Apfelbaum.*"

hergestellt. Aber da der Baum der Erkenntnifs bisweilen zwei Astpflöcke an seinem Stamme trägt[1]), und ferner überall, wo in der altchristlichen Kunst Bäume vorkommen, auch solche mit einem Astpflocke gebildet sind[2]), so mufs seine Hypothese, die er nicht einmal mit irgendwelchem litterarischen Zeugnisse belegen kann, entschieden zurückgewiesen werden.

Um schliefslich noch auf die kunsthistorische Bedeutung der Bilder zu verweisen, so ist zu bemerken, dafs die Reihe der Monumente das allmähliche, aber stetige Sinken der Kunst beobachten läfst. Das Neapeler Bild führte auf die Höhe, welche die Antike während der Tage der Flavier und Trajans noch behauptete. Die ornamentale Einfassung und Umgebung dieser frühesten Darstellung des ersten Menschenpaares ist unbedenklich dem von der klassischen Kunst geschaffenen Formenschatze entnommen, und das Bild selbst erinnert mit seinen anmutigen, graziösen Gestalten und der leichten, geschickten Ausführung so sehr an die griechisch-römische Kunst, dafs man hier mit dem gröfsten Rechte von einer „getauften Antike" sprechen kann. Doch eine ununterbrochen sich abwärts neigende Linie führt von dem Fresko in *San Gennaro* über die Adam- und Eva-Bilder des *Ostrianum* zu den Darstellungen der Protoplasten in der *Domitilla-Katakombe* und in *S. Callisto*. Je weiter wir in der Zeit hinabgehen, desto schematischer wird das Bild, welches in seiner

---

[1]) Z. B. auf Sarkophagreliefs Nr. 1, 16, 20a, 47.
[2]) Um nur einige Beispiele zu nennen: *Garrucci, Storia* tav. 18,2 — 22,1 — 30 — 39,1 — 50,1 — 56,1 — 72,2 — 74,1 — 295,2 — 296,1 — 297,3 — 302,4 — 303,1 — 304,3 — 310,4 — 313,4 — 317,4 — 318,5 — 324,4 — 333,1 — 334,2 — 399,12 — 398,9 — 400, 1, 2 — 401, 7, 8.

Entstehung eine frische Freiheit zeigte, desto erstarrter und todter die Gestalten, die zuerst in lebendiger Handlung erschienen.

---

b. Adam und Eva auf Goldgläsern.

Der altchristlichen Malerei der Grabstätten treten die Erzeugnisse einer Kleinkunst ergänzend zur Seite, welche den späteren römischen Fresken ungefähr gleichzeitig sind[1]). Es handelt sich um die Bilder der *fondi d'oro*, unter welchen sich mehrfach Adam- und Eva-Darstellungen finden.

Nr. 1. Gefäfs-Boden in der Vaticanischen Bibliothek[2]). Der stark fragmentirte Rand trägt die Reste der auf Goldgläsern häufigen Inschrift: *DIGnitAs amICORVM·PIE zeses*. Auf der wohlerhaltenen Mitte des Glases flankiren Adam und Eva in dem üblichen Typus den Baum, dessen Krone zackige Blätter und fünf runde Früchte trägt. Nach einer von diesen Früchten strecken beide Menschen die Rechte aus[3]); mit der Linken decken sie ihre Blöfse. Die Schlange, den Leib mit seiner schuppen-

---

[1]) *De Rossi* fixirt die Periode der Goldgläser von der Mitte des dritten bis zum Anfang des vierten Saeculum. (*Kraus R. S.* S. 332). Nach *V. Schultze (Katakomben* S. 192) sind sie jünger.

[2]) Abbildungen bei *Boldetti, Osservazioni* tom. I, p. 200 im Gegensinne; richtig bei *Buonarruoti Osservazioni* tav.1, *Perret* IV pl. 31, *Garrucci, Vetri* tav. 2, 2, *Garrucci, Storia* tav. 172, 2.

[3]) Die rechts stehende Eva hat freilich die Frucht nicht in der Hand; doch ist nach Analogie der übrigen Goldgläser ihre Bewegung als Vorbereitung zum Pflücken einer Frucht und nicht etwa als Redegestus zu verstehen.

ähnlichen Zeichnung der Haut um den Stamm ringelnd, schmiegt ihren Kopf mit einer Frucht im Maule an Evas rechte Hüfte. Der Grund des Glases ist mit stilisirten Blättern und Zweigen ausgefüllt. Eine auffallende Eigenthümlichkeit ist noch an der Gestalt der Eva zu bemerken: das Weib ist mit Halskette, an welcher ein Medaillon befestigt ist[1]), und Spangen am Ober- und Unterarm reich geschmückt und trägt eine sorgfältig gezeichnete Frisur mit Stirnlöckchen und einem geflochtenen Haarkranz auf dem Scheitel.

Nr. 2. Boden eines Goldglases im Museo Borgiano di Propaganda[2]).

Die Darstellung ist zu beiden Seiten von je einem Bäumchen eingefaßt, welches etwa die halbe Höhe der Menschen erreicht. Die gefleckte Schlange hat hier keine Frucht im Maule, und Evas Schmuck ist um eine Art Diadem vermehrt, welches sie an Stelle des Haarkranzes auf dem Scheitel trägt. Im Uebrigen gibt das Bild das Schema des vorigen genau wieder.

Nr. 3. Fragment eines Glasbodens im Privatbesitz zu Rom[3]).

Concentrische Kreise theilen die Fläche in einen mittleren Diskus und ein umgebendes Band, welches mit bildlichen Darstellungen geschmückt ist. Ueber der Inschrift in der Mitte des Glases[4]) sind die Brustbilder eines Ehe-

---

[1]) Es ist ein bloßes Schmuckstück, keine *bulla*. Vergl. *Garrucci, Vetri* p. 21.

[2]) *Garrucci, Vetri* tav. 2, 1. *Storia* tav. 172, 1.

[3]) *Bulletino di arch. crist.* 1884/85 tav. III.

[4]) Dieselbe lautet in Transscription mit den Ergänzungen „*Ursicinae cum Maxima piete zeses.*"

paares sichtbar. Rechts daneben ist „Adam und Eva" abgebildet. Diese Darstellung hat die gröfste Aehnlichkeit mit Nr. 2. Nur die Zahl der Früchte ist hier nicht genau festzustellen, und Evas Frisur gleicht derjenigen von Nr. 1, während die Armspangen fehlen.

Nr. 4. Glasboden, ehemals im Museo Recupero, mit den Brustbildern eines Ehepaares und der Umschrift *pie zeses* in der Mitte, von einer Reihe biblischer Bilder umkränzt[1]). Unter anderen sehen wir auch Adam und Eva in einer von Nr. 1—3 kaum abweichenden Form der Darstellung. Diesmal benutzen die Stammeltern je ein Blatt zur Verhüllung. Eva gleicht in Figur und Schmuck am meisten der Gestalt auf Nr. 1. Eine langlockige Jünglingsfigur mit einem Stabe in der ausgestreckten Rechten, welche in dem Kreise der Bilder rechts auf die Eva folgt, ist nicht etwa der Engel, welcher mit seinem Stabe die ungehorsamen Stammeltern verjagen will, sondern nach Analogie der übrigen Darstellungen Christus mit der Virga, dem Zeichen göttlicher Wundermacht. Er ist hier Gott-Vater substituirt und zeigt so die Nähe der Gottheit bei dem Falle an[2]).

Nr. 5. Bruchstück eines Glases im Museo Kircheriano[3]). Erhalten ist nur noch ein Theil der Baumkrone und links davon die mit gespreizten Beinen dargestellte Facefigur des Adam, welcher sich mit beiden Händen ein grofses Blatt vor die Blöfse hält.

---

[1]) *Garrucci, Vetri* tav. 1, 2. *Storia*, tav. 171, 2.
[2]) In Folge der fast mechanischen Wiederholung dieser Gestalt bei allen Scenen des Glases hat der Christus die hier zweck- und sinnlose Wundervirga in der Hand behalten.
[3]) *Vetri* tav. 1, 4. *Storia* tav. 171, 4.

Aufser diesen *fondi d'oro* im engeren Sinne zeigen auch eine Reihe kleiner Glasmedaillons von derselben Technik Adam- und Evabilder. Auf einem derartigen Medaillon, welches sich mit andern auf dem in Köln bei St. Severin ausgegrabenen Bruchstücke einer Glasschale eingeschmolzen fand, ist in der Mitte der pappelartige Baum mit der Schlange von beiden Menschen umgeben dargestellt[1]. Adam steht links in ängstlich vorgebeugter Körperhaltung und verhüllt sich mit beiden Händen. Das Weib ihm gegenüber, welchem die Schlange ihren Kopf zuwendet, bedeckt sich mit der Linken, während die Rechte ausgestreckt ist, um eine Frucht vom Baume zu brechen.

Auch in Rom ist eine Anzahl solcher Medaillons gefunden, welche aber sämmtlich nicht die ganze Gruppe, sondern nur einzelne Elemente derselben abbilden. So existiren drei Medaillons mit Adam, der sich mit der Linken bedeckt und die Rechte verlangend nach der Frucht ausstreckt (*Garrucci, Storia* tav. 171, 6; 172, 3; *Bullet.* 1880 p. 64)[2], zwei mit Eva in der entsprechenden Stellung (*Storia* tav. 171, 7 u. 172, 4) und schliefslich zwei mit dem Baum der Erkenntnifs ohne Frucht, um welchen sich die Schlange ringelt (*Vetri* tav. 2, 5 u. 6;

---

[1] *Garrucci, Storia* tav. 170, 1 giebt allein richtig Adam links und Eva rechts vom Baume wieder. Die farbige Publikation *De Rossi's* (*Bullet.* 64) und die von ihr abhängigen Abbildungen (*Kraus R. S.*, S. 343, *R. E.* I S. 618) verwechseln die Stellung der Menschen, cf. *Garrucci, Storia* p. 114 „*Adamo è a sinistra contrariamente a ciò che si vede nel disegno edito dal De Rossi.*"

[2] Bei dem zuerst genannten könnte vielleicht auch an ein anklagendes Hinweisen des Mannes auf sein Weib gedacht werden.

Storia tav. 172, 5 und 6). Diese einzelnen Elemente der üblichen Composition haben natürlich nicht als Einzelbilder zur Decoration von Glasschalen etc. gedient, sondern stets als Gruppe der drei Bilder Adam, Baum, Eva, in ähnlicher Weise, wie auf der Kölner Schale drei Medaillons zu der einen Gruppe „Daniel zwischen den Löwen" vereint sind.

Wenn uns schon die altchristliche Freskomalerei die Grenzen über das Gebiet der Stadt Rom hinausziehen ließ — war doch die älteste Adam- und Eva-Darstellung eine außerrömische —, so finden wir die Goldglasfabrikation selbst in der fernen *Colonia Agrippina* wieder. Aber auch das Erzeugniß provinzieller Industrie zeigt keine anderen Typen als die in Rom üblichen. Adam und Eva auf dem Kölner Glase könnten gerade so gut aus den Katakomben stammen. Daraus ist ersichtlich, wie verbreitet der „römische" Typus und wie groß der Einfluß des Vororts der christlichen Kunst auf die mit ihm in Verbindung stehenden Länder ist.

Die Goldgläser bestätigen vollkommen das Bild, welches schon durch Betrachtung der coemeterialen Malereien von den Darstellungen Adams und Evas in der frühesten christlichen Kunst gewonnen wurde. Die Typen der Menschen, das Schema in der Anordnung der Gruppe, die verschiedenen Momente der Erzählung, welche gleichzeitig zur Darstellung kommen, sind auf diesen Produkten der Kunstindustrie die gleichen wie auf den Fresken der Grabanlagen. Weil die Goldgläser aber nicht zu ursprünglich coemeterialen Zwecken geschaffen wurden, wie jetzt wohl allgemein anerkannt ist, sondern für den Gebrauch der Lebenden bestimmt waren, sind sie von besonderer

Wichtigkeit. Sie liefern den Beweis, daſs Adam und Eva nicht nur in dem Dunkel der Grabstätten in der Kunst der alten Christen ihr Leben fristeten, sondern auch auf nichtsepulcralen Monumenten eine Rolle spielten.

Durch Eines unterscheiden sich die Darstellungen der Katakomben von denen der *fondi d'oro*. Während die bei künstlichem Licht arbeitenden Maler der Coemeterien sich auf das Nothwendigste beschränken, zeigen sich die Fabrikanten der Goldgläser bemüht, den Rahmen des übernommenen Schema mit möglichst vielem Zierwerk auszustatten. So erhält der Baum der Erkenntniſs — der übrigens auch hier nirgends botanisch bestimmbar ist — eine Anzahl runder Früchte [1]. So werden Bäume der Scene hinzugefügt, so mit Blättern und Zweigen die leeren Stellen des Hintergrundes ausgefüllt. Demselben Bestreben ist es zuzuschreiben, wenn Eva trotz ihres Naturzustandes in reichem Schmuck und komplizierter, sorgfältig ausgeführter Haartracht auftritt [2].

---

[1] Die Zahl wechselt. Auf Nr. 1 war dieselbe bei *Bolletti* und *Buonarruoti* auf 7 angegeben, weshalb man darin eine Anspielung auf die sieben Todsünden sah. Mit der Feststellung der Zahl auf 6 fällt diese Symbolik eo ipso, welche jetzt auch von Niemandem mehr vertreten wird.

[2] Dieser Ausstattung der Eva mit einem Produkte raffinirter Cultur hat man die verschiedensten Tendenzen untergeschoben. Nach *Buonarruoti, Osservazioni* p. 11 existirt eine rabbinische Tradition. („*Rabbi Eliezer apud G. Nucheterlein, dissertatio de tunicis pelliceis*") nach welcher sich Eva nach dem Fall mit allerlei Flittern geschmückt habe. Nach anderer Tradition bei *Garrucci* (*Vetri* p. 19, nach *Buxtorf Synag. judaic.* p. 629) hat Gott die Eva geschmückt, ehe er sie dem Adam vorstellte. Doch sind diese Ueberlieferungen beide viel zu fernliegend und singulär, als daſs sie je eine bildliche Darstellung hätten beeinflussen können. Von

Die Zeichnung der nackten menschlichen Körper verräth, ohne freilich jemals die klassische Höhe zu erreichen, noch lebendige antike Traditionen und läfst auf gute Vorlagen schliefsen. Besonders zeigen Nr. 1 und 2 diese Merkmale, und deshalb werden sie noch in die frühere Zeit der Goldgläser, also in den Ausgang des dritten Jahrhunderts anzusetzen sein. Von der Figur des Weibes, die sogar eine gewisse Zartheit und Zierlichkeit der Formen zeigt, sticht Adams plumpe und robuste Gestalt auffallend ab. *Garrucci (Vetri* p. 18) meint, der Zeichner habe diesen vierschrötigen Gesellen den Athleten nachgebildet, an welchen er in der Arena Gelegenheit hatte, den nackten männlichen Körper zu studiren. Doch wurde in den Zeiten der Goldgläser schon längst nicht mehr nach der Natur, sondern nur noch nach Vorlagen gearbeitet. Dafs unter

den meisten Forschern wurde angenommen, dafs der Schmuck und die ουρὰ πολυπλόκαμος die Sündhaftigkeit und Verderbnifs des Weibes nach dem Falle verdeutlichen sollte (z. B. *Garrucci, Friedrich*), oder man findet darin „*eine mahnende Erinnerung ... dafs der verführerische Schmuck eine Folge der Erbsünde und als Sünde zu fliehen sei*" (*Heuser*). Auf das Verführerische vor dem Fall verweist *Büttner*. Doch handeln alle patristischen Stellen, auf welche man sich beruft (*Clemens Alexandrinus*, Paedag. III. 2 ff. *Tertullian*, de cultu feminarum u. a. cf. *Kraus R. E.* S. 18), von der Verwerflichkeit des Schmucks im Allgemeinen, und die wichtigste Stelle *Clemens*, Paedag. III 12 vergleicht nur die durch Schmuck verführten — nicht verführerischen — Frauen mit der durch die Schlange verführten Eva. — Ebensowenig wie die reiche Kleidung und Haartracht mancher Marienbilder oder die Preziosen einiger Oranten sollen die Schmuckstücke der Eva irgend eine Warnung vor Sünde oder Mahnung zur Einfachheit enthalten. Die Gewohnheit Frauen reich geschmückt darzustellen und das Bestreben möglichst viele Verzierungen anzubringen, vereinigen sich bei den Goldgläsern zu einer auffallenden und wenig historischen Sinn verrathenden Ausstattung der Eva.

diesen vielleicht Athletengestalten gewesen seien, läfst sich nicht bestreiten. Die Bildung des Nackens und der Schultern des Adam erinnert wirklich auffallend an die Faustkämpfer-Figuren auf dem Mosaik aus den Caracalla-Thermen. Jedoch liegt es näher, in dem Robusten, Unförmlichen, das selbst bis zu grober Verzeichnung gesteigert wird (Nr. 4), den unvollkommenen Ausdruck des Bestrebens zu sehen, das Derbere Kräftigere der männlichen Figur gegenüber dem Zarteren des weiblichen Körpers vor Augen zu führen.

Den Umstand, dafs die Bäume gerade wie auf den Fresken wenig oder gar nicht gröfser sind als die Menschen, legt sich *Buonarruoti* als einen verfehlten Versuch perspektivisch zu zeichnen aus[1]), eine Annahme, die von *Martigny* ausführlicher vertheidigt und begründet wird. Die Ansicht sei herrschend gewesen, dafs die Menschen sich von dem Baume der Erkenntnifs entfernt hätten, um die Frucht zu essen, und diese Entfernung vom Baume sei durch die kleinen Dimensionen desselben verdeutlicht. Das ist aber schon deshalb unmöglich, weil die Protoplasten mit einer Hand eine Frucht vom Baume brechen. Irgendwelche Absicht kann in dieser geringen Ausdehnung der Bäume nicht gesehen werden. Vielmehr zwang schon allein der verfügbare Raum dazu, die Bäume niedrig zu bilden.

---

[1] l. c. p. 11. Seiner zuerst angeführten Auskunft, man habe die Stammeltern vielleicht als Riesen gedacht und als solche abbilden wollen, scheint B. selbst wenig Vertrauen zu schenken. Von *Martigny* wurde diese Vermutung mit Recht a priori abgewiesen.

c. Adam und Eva auf Grabplatten.

Auf dem Grenzgebiete zwischen Malerei und Plastik stehen die auf Stein eingeritzten und eingemeifselten Bilder der Epitaphien. Die einzige Marmorplatte, auf welcher sich eine Abbildung unserer Stammeltern erhalten hat, stammt aus dem dritten (?) Jahrhundert und wird in der Inschriftensammlung des Lateran, Abtheilung XIV, aufbewahrt [1]). Auf derselben ist links der gute Hirt, rechts Daniel zwischen den Löwen dargestellt. Die Mitte trägt aufser der Inschrift:

VIBAS·PONTAZ
INAETERNO

vier Menschen, die mit Land- und Hausarbeit beschäftigt sind, also eine Scene aus dem alltäglichen Leben [2]), und

---

[1]) Ihre Provenienz ist unbekannt. Vergl. *Röm. Quartalschrift* 1888 S. 287; *Bullet. di arch. crist.* 88/89 p. 74. Abbildungen bei *d'Agincourt, sculture* tav. 7,5. *Garrucci, Storia* tav. 484,2, *Perret* V pl. 12,3 (in halber Gröfse). *Bennet, Christian archaeology* Plate III. *De Rossi, Museo epigrafico Pio Lateranense* tav. XIV. *Roller, Les catacombes de Rome* pl. X, 17.

[2]) *Wilpert* (*Röm. Quart.* 1888 S. 287) sieht durch diese Gestalten des Pflügers, der spinnenden Frau (?) und der mit dem Einfangen oder Hüten von Ochsen beschäftigten Männer, den Gedanken an „*die mühevolle Arbeit, welcher der Mensch im zeitlichen Leben unterworfen ist,*" eine der Folgen, welche der Sündenfall nach sich zog, ausgedrückt. Es widerspricht aber dem Charakter der altchristlichen Kunst, einen derartigen Gedanken in so allgemeine Form zu kleiden. Sollte auf die Strafe des Sündenfalles hingewiesen werden, so mufsten Adam und Eva, nicht aber beliebige Menschen bei der Arbeit dargestellt werden. Da doch aber unter den vier Menschen auf keinen Fall die Stammeltern selbst gesucht werden können, so wird die Scene nichts als die Schilderung aus dem Leben eines Landmannes, vielleicht des verstorbenen *Pontius* sein, wie ja nicht selten auf Grabsteinen die Verstorbenen in ihrer Berufsthätigkeit abgebildet sind, so ein

mitten in dieser Scene das Bild unserer Stammeltern.
Dieses ist mit allen Mängeln der Epitaphienbilder behaftet,
welche durch die primitive Art der Technik bedingt sind.
In groben Strichen ist das erste Menschenpaar gezeichnet,
ohne dafs bei der Wiedergabe der Gestalten die Verschiedenheit der Geschlechter berücksichtigt wäre. Beide
bedecken ihre Scham mit der Linken und haben die
Rechte nach der Mitte zu ausgestreckt. Die Figur links
scheint der breiteren Hüften wegen Eva, die rechts Adam
bedeuten zu sollen, doch ist eine bestimmte Benennung
unmöglich. Zwischen beiden steht ein palmenartiger Baum,
um dessen Stamm sich die Schlange ringelt, den Kopf
nach rechts. Auch diese Darstellung zeigt also die alte
Composition und bestätigt nur, was die oben behandelten
Monumente lehrten.

d. Adam und Eva auf Sarkophagreliefs.

Die altchristliche Kunst, welche in den älteren Zeiten
hauptsächlich durch die Freskomalereien der Coemeterien
repräsentirt wird, wurde auf einer Stufe tiefen Verfalles
verlassen. Den Ansprüchen, welche dieser Kunstzweig
an den Formensinn, die Geschicklichkeit, Sicherheit und
Uebung der Künstler stellt, war man nicht mehr gewachsen.
Das Malen in mangelhaft beleuchteten Räumen mufste

Bildner, Schmied, Schenkwirth, Lastträger u. s. w. (vergl. *Kraus*
R. E. I S. 650, II S. 58, V. *Schultze, Katakomben* S. 133). *Roller*'s
Erklärung (*les catacombes* I p. 39), der z. B. in den Männern mit
den Ochsen den Traum des Pharao dargestellt sieht, ist absurd.
— Ebenso unbegründet ist die Deutung *L. v. Rau*'s (*Ein römischer Pflüger, Frankfurt 1880*), der in unserer Scene „ein Wahr-
zeichen der Leiden und Freuden des ehelichen Lebens" sieht.

von vornherein einer Entwickelung ungünstig sein, und bei der Nothwendigkeit, die Bilder rasch und mit wenigen Pinselstrichen auf den Stuck zu werfen, konnten die Ueberlieferungen der klassischen Kunst weniger gepflegt werden, als dies bei ängstlichem Copiren und langsamem Nachmalen der Vorlagen vielleicht möglich gewesen wäre. Mit dem vierten Jahrhundert hört auch das Bedürfnifs nach coemeterialen Malereien auf. Man fing an aufserhalb der Katakomben zu begraben. Ein anderer Kunstzweig, die Plastik, übernahm jetzt die Rolle, welche die Malerei bis dahin gespielt hatte. Sarkophage existirten freilich längst; aber erst in der Friedenszeit der Kirche erwacht die spezifisch christliche Sarkophagbildnerei in grofsem Stile.

Gegenüber den letzten Erzeugnissen der Malerei zeigen die älteren Gebilde der Plastik eine ansehnliche Höhe. Die antiken Traditionen mufsten hier länger herrschend bleiben als dort. Die Consistenz des Materials, zum langsamen mechanischen Copiren von Vorlagen wie geschaffen, hinderte am besten ihre Verflüchtigung. So lebt denn die Antike in der Sarkophagbildnerei, wenn auch in kümmerlicher Gestalt, fast bis zum sechsten Jahrhundert.

Der Bilderkreis der Plastik ist reichhaltiger als der der Malerei. In der Sculptur kommen verschiedene neue Scenen zur Darstellung, und die schon von der Malerei geschaffenen Gruppen werden mit Vorliebe erweitert. In vielen Fällen wird freilich das einmal concipirte Schema durch die Zufügung neuer Elemente wenig oder gar nicht verändert; aber hier und da führen die Erweiterungen dazu, den alten Rahmen zu sprengen.

Von alledem macht „Adam und Eva" keine Ausnahme,

wie die Monumente zeigen werden. Bei der Besprechung der erhaltenen Reliefs sollen zunächst die Darstellungen in Betracht kommen, welche dem Schema der Katakomben am nächsten stehen. Erst dann werden die verschiedenen Erweiterungen berücksichtigt werden.

Eine Klassifizirung der Sarkophage nach diesem Gesichtspunkte wird sich um so mehr empfehlen, je schwieriger die Einhaltung einer streng chronologischen Reihenfolge ist. Denn die genaue Datirung ist nur in Ausnahmefällen möglich[1]), und für die grofse Mehrzahl der für uns in Betracht kommenden Sarkophage können nur im allgemeinen die letzten Jahrzehnte des vierten und die ersten des fünften Jahrhunderts als Entstehungszeit festgesetzt werden.

Nr. 1. Gruppe eines Kindersarkophags, der jetzt als Wasserreservoir in der Sacristei von S. Marcello zu Rom dient *(Garrucci*, tav. 310, 3).

Von der Figur des rechts stehenden Adam ist nur noch die eine Hälfte erhalten. Sein Körper ist en face dargestellt, nur den Kopf dreht er nach links und scheint mit beiden Händen seine Blöfse verhüllt zu haben. Evas Gestalt ist bis auf ihr linkes Bein unverletzt. Mit der Linken deckt sie sich, während sie mit der Rechten an der Baumkrone beschäftigt ist[2]). Zwischen beiden

---

[1]) Bekanntlich sind wenige datirte Sarkophage vorhanden. Die Zeitbestimmungen nach dem Stil sind höchst unsicher, da zu allen Zeiten relativ gute neben schlechten Arbeiten vorkommen. Nur Fundberichte, die leider in den meisten Fällen fehlen, können unter Umständen bestimmte Anhaltspunkte für die Datirung liefern.

[2]) Ein für allemal sei hier über den Typus der Menschen bemerkt, dafs beide auch in der Plastik nackt, Adam mit jugendlich-

Menschen steht der Baum ohne Schlange. An seinem Stamme trägt er zwei Astpflöcke. Die technische Ausführung dieser Darstellung ist überaus roh[1]).

Nr. 2. Rechte Seitenfläche eines in seiner Front stark beschädigten Sarkophags in der Villa Carpegna zu Rom (*Garrucci* tav. 314, 4)[2]). Der Stamm trägt rechts unter der zweigetheilten, mit flüchtig angedeuteten, zackigen Blättern versehenen Krone einen kurzen Astpflock. Die Schlange fehlt. Adam steht links, Eva rechts vom Baume. Beide sind in Frontstellung, den Kopf im Profil nach der Mitte dargestellt. Die Hände halten sie vor einem Blätterschurze gekreuzt, welcher ihre Nacktheit verhüllt. Die langgestreckten Gestalten der Protoplasten, deren untere Extremitäten übertrieben betont sind, sind in dem bei Sarkophagseitenflächen stets angewandten Flachrelief behandelt.

Nr. 3. Sarkophagdeckel, welcher bei San Lorenzo f. l. m. gefunden wurde und sich jetzt im Lateran befindet[3]). Die Adam- und Evadarstellung unterscheidet

---

bartlosem Gesicht und kurzem Haar. Eva mit langem, aufgelöstem und über die Schulter herabwallendem Haar dargestellt werden. Wenn bei den Besprechungen der Monumente kein anderer Typus erwähnt wird, so gleicht er stets dem eben beschriebenen.

[1]) Vergl. *René Grousset, étude sur l'histoire des sarcophages chrétiens. Catalogue des sarcophages chrétiens de Rome qui ne se trouvent point au musée du Latran (Bibliothèque des écoles françaises d'Athènes et de Rome* fascicule 42) Nr. 129.

[2]) *Grousset* l. c. behandelt den Sarkophag unter Nr. 94, bespricht aber die Seitenfläche mit der Darstellung der Protoplasten nicht.

[3]) Vergl. *Johannes Ficker, die altchristlichen Bildwerke des Lateran,* Nr. 176. — *Ficker* gibt jedesmal Litteratur, Abbildungen u. s. w. ausführlich an. Wir werden daher bei Sarkophagen des Lateran nur die Nummer in *Ficker's* Katalog und zur schnelleren

sich von dem Schema der vorigen nur dadurch, daſs der Astpflock nicht rechts, sondern links am Baumstamme sitzt[1]). Die Figuren der Menschen sind im Gegensatz zu Nr. 2 kurz und gedrungen.

Nr. 4. Auf dem untern Bildstreifen eines doppelreihigen Sarkophags im Lateran (*Ficker* Nr. 212, *Garrucci* tav. 358, 1) sehen wir Adam rechts, Eva links dargestellt, wie sie sich mit beiden Händen bedecken, ohne ein Blatt dabei zu Hülfe zu nehmen. Zwischen ihnen steht der Baum mit glattem Stamm und nur durch einige Bohrlöcher angegebener Krone. Die Art der Arbeit stimmt auf das genaueste mit Nr. 3 überein.

Nr. 5. Theil des oberen Bildstreifens eines jetzt verschollenen zweireihigen Sarkophags aus den vatikanischen Krypten. Die Abbildungen von höchst zweifelhafter Treue gehen sämmtlich auf den Stich bei *Bosio* zurück[2]). Mit Sicherheit ist den existirenden Publicationen nur zu entnehmen, daſs Adam links, Eva rechts dargestellt war, und daſs die Schlange fehlte. Die auffallende, gezierte

---

Orientirung die betreffende Abbildung bei *Garrucci* anführen. Unsere Gruppe bei *Garrucci* tav. 884, 6.

[1]) Auf den Publicationen der Alten hat dieser Baum eine auffallend seltsame Gestalt, in Folge dessen *Münter* (a. a. O. S. 46) davon redet, daſs hier „*augenscheinlich der Pfahl des Kreuzes dargestellt werden soll*", eine Ansicht welche *Friedrich* übernommen und weiter gebildet hat, wogegen wir schon oben Stellung nahmen. — Durch einen unaufgeklärten Irrthum wurden zwei verschiedene Stiche nach diesem einen Sarkophage in *Bosio's Roma sotterranea* aufgenommen (p. 411 und 589), und von dort kamen sie auch in die Werke seiner Nachfolger. Jetzt darf als ausgemacht gelten, daſs beiden Stichen wirklich nur ein Original zu Grunde liegt. Vergl. *Garrucci* V p. 127. *Ficker* S. 125.

[2]) *Bosio* p. 93, *Aringhi* p. 325, *Bottari* I tav. 37, *Garrucci* tav. 377, 1.

Stellung der Eva, ihr Laubkranz, ihr lang über den Rücken herabwallendes Haar, die Haltung ihrer Hände, der Bart Adams, sind auf Rechnung von *Bosio's* Zeichner zu setzen. Das Original unserer Darstellung wird sich in stilistischer Beziehung von Nr. 5 kaum unterschieden haben.

Nr. 6. Deckelfragment aus der Domitilla-Katakombe, jetzt in der Basilika der Petronella. (Nicht abgebildet; vergl. *Grousset* l. c. Nr. 166.) In der Mitte steht der Baum mit kleinem Astpflock rechts. Die Menschen sind in Frontstellung, Adam links, Eva rechts, abgebildet, sich mit dem Blatte verhüllend, das sie mit beiden Händen festhalten.

Nr. 7. Deckelfragment im Museo Kircheriano *(Victor Schultze* Nr. 4[1]), *Grousset* Nr. 124). Die Protoplasten wenden den Kopf im Profil nach der Mitte. Sonst stimmt die Gruppe mit der vorigen genau überein, von der sie sich aber durch die Art der Arbeit vortheilhaft unterscheidet.

Nr. 8. Deckelfragment im Klosterhof von S. Paolo f. l. m.[2]). Erhalten ist nur der Baum und rechts von ihm, in Frontstellung, den Kopf im Profil nach links, die Gestalt der Eva, welche in beiden Händen das verhüllende Blatt hält.

Nr. 9. Sarkophagfragment im *vescovato* zu Porto *(Grousset* Nr. 194). „*A gauche reste d'un arbre auprès duquel est Eve*"[3]).

---

[1]) *Die altchristlichen Bildwerke des Museo Kircheriano*, Abschnitt VII der „archäologischen Studien" S. 259 ff.

[2]) Von *Grousset* nicht erwähnt. Schlecht abgebildet bei *D'Agincourt, sculture* tav. VIII, 13.

[3]) War mir leider nicht zugänglich.

Nr. 10. Deckelfragment im Lateran *(Ficker* Nr. 117, 3; nicht abgebildet). Die stark fragmentirte Gruppe besteht aus den im Halbprofil einander zugekehrten, mit der Linken das Blatt vor die Scham haltenden ersten Menschen, zwischen denen der Baum ohne Schlange dargestellt ist. Der rechtsstehende Adam hat die Rechte zum Munde erhoben. Von dem Weibe ist ein Bruchstück der Rechten an der Baumkrone erhalten.

Nr. 11. Linke Schmalseite eines im Lateran befindlichen Sarkophags *(Ficker* Nr. 161, *Garrucci* tav. 382, 3). Adam und Eva gleichen in Stellung und Gebärde den Protoplasten auf Nr. 2. Doch sind die Gestalten auf diesem lateranensischen Sarkophage gedrungener und die einzelnen Glieder plumper als auf jenem in der Villa Carpegna. An dem glatten Stamme des zwischen den Voreltern stehenden Feigenbaumes ringelt sich die Schlange empor, den Kopf Adam zuwendend, eine Feige im Maule.

Nr. 12. Auf der Vorderwand eines Sarkophags im Lateran *(Ficker* Nr. 146, *Garrucci* tav. 313, 2). Die vielfach ergänzten Gestalten der Stammeltern stehen in Frontstellung, Adam rechts und Eva links, die Köpfe im Profil nach der Mitte gewendet. Zwischen ihnen erhebt sich der von der Schlange umwundene Baum, von dem aber nur der obere Theil der Krone alt ist[1]).

Nr. 13. Deckelfragment in der Villa Albani *(Garrucci* tav. 396, 5). Adam steht links, Eva rechts vom Baume,

---

[1]) Der Hintergrundskopf links von der Eva, den man nach der Abbildung bei *Garrucci* zu unserer Scene rechnen könnte, gehört, wie aus der Betrachtung des Originals unzweifelhaft hervorgeht, zu einer Begleitfigur Christi bei der links dargestellten Auferweckung des Lazarus.

beide en face, Oberkörper und Kopf nach der Mitte im Halbprofil. Sie bedecken sich mit der Linken. Mit der Rechten greift Adam nach seinem Munde, Eva nach der Krone des Baumes. Am Fuſse desselben erhebt sich die Schlange, den Kopf nach links, bis zur halben Höhe der Menschen. Die Arbeit zeigt keinerlei hervorragende Eigenschaften und ist eine gewöhnliche Durchschnittsleistung von der Wende des vierten zum fünften Jahrhundert [1]).

Nr. 14. Fragment eines wahrscheinlich aus Rom stammenden Sarkophagdeckels im Museo nazionale zu Neapel, ehemals in der Sammlung Borgia zu Velletri *(Garrucci* tav. 396, 2). Die Menschen sind in halbem Profil einander zugewandt; Adam steht links und Eva rechts. In der Linken halten beide das deckende Blatt. Mit der Rechten machen sie sich an der Krone des zwischen ihnen stehenden Baumes zu schaffen. Die Figuren sind mehrfach verletzt, die Füſse der Menschen und der Obertheil der sich am Stamme emporwindenden Schlange abgebrochen.

Auch auſserhalb Roms sind diese den Katakomben-

---

[1]) *Grousset* p. 77 „*très grossier*". Die Bezeichnung *Büttner's* „*Das prächtige Basrelief von der Villa Albani*" ist daher höchst willkürlich. Ebenso wenig Sinn hat seine Beschreibung dieser Gruppe, wobei er freilich nur eine Uebersetzung der Worte *Garrucci's* liefert; z. B. „*dove l'atteggiamento dei due protoplasti dinota che Dio loro parla dall' alto*" (Garrucci I p. 312) und „*wo die Geberden der beiden Erstgeschaffenen andeuten, daſs Gott zu ihnen aus der Höhe spricht*" (*Büttner* p. 14). — Diese Scene wurde von *Panofka* (Annali dell' instituto 1832 p. 81) auf Deucalion und Pyrrha bezogen: „*le même groupe de Deucalion et Pyrrhe, plus conforme encore à la tradition des Hébreux puisque un grand serpent entortille l'arbre, sous l'ombre duquel les deux mortels se sont refugiés*".

bildern durchaus entsprechenden Adam- und Evadarstellungen nicht selten. In verschiedenen Provinzen des Reiches begegnen wir ihnen, ohne dafs ein grofser Unterschied von dem römischen Typus zu bemerken wäre.

Für *Gallia Cisalpina* findet sich ein Beispiel auf dem unter dem Ambon aufgestellten Sarkophage von San Ambrogio zu Mailand (Nr. 15). Auf einer der Schmalseiten sehen wir unter den dahinsprengenden Rossen, welche den Wagen des Elias zum Himmel führen, den Baum der Erkenntnifs und das erste Menschenpaar. Am glatten Baumstamm ringelt sich die Schlange empor und streckt ihren Kopf nach rechts, ebensoweit wie der einzige Ast des Baumes mit seinem eichblattähnlichen Laube sich nach rechts ausdehnt. Die Gestalten der in Frontstellung zu beiden Seiten des Baumes befindlichen Stammeltern sind beschädigt. Die Köpfe fehlen heutzutage ganz. Mit der Linken decken sie ihre Blöfse, die Rechte haben sie vor die Brust gelegt.[1])

---

[1]) *Allegranza, Spiegazioni e riflessione sopra alcuni sacri monumenti di Milano* tav. V und *Ferrario, Monumenti sacri e profani di S. Ambrogio* tav. 18 geben Abbildungen. Ebenfalls *Garrucci*, tav. 328, 2. *Förster (Gesch. der ital. Kunst* p. 142) setzt den Sarkophag ins fünfte Jahrhundert. Eine sichere Datirung würde möglich sein, wenn sich nachweisen liefse, für wessen Gebeine dieser imposante Sarkophag bestimmt war. Man hat an Kaiser (Valentinian II.) und Erzbischöfe (St. Mansuetus) gedacht. *Allegranza* l. c. p. 51 schreibt ihn mit grofser Bestimmtheit dem Stilicho zu. Wir müssen uns indessen *Ferrario* anschliefsen, wenn er sagt: *Tutte però queste congetture sono inutili, perchè tal monumento non porta alcuna iscrizione e non ci ha sul medesimo una costante tradizione.* Ein seltsamer Irrthum bedarf hier noch der Korrektur, welcher sich aus *Martigny's Dictionnaire* auch in den *Heuser*'schen Artikel der Realencyclopädie von *Kraus* eingeschlichen hat. In beiden

Auch *Gallia Narbonensis* besitzt auf seinen zahlreichen altchristlichen Sarkophagen mehrere hierher gehörige Adam- und Evadarstellungen:

Nr. 16. Auf dem Sarkophage in der Krypta der Kirche von Le Mas d'Aire, welcher wegen der guten Formen der Figuren und der sorgfältigen Arbeit noch in die beste Zeit altchristlicher Sarkophagbildnerei gehört. Leider ist gerade unsere Scene stark fragmentirt.[1] Am Baumstamme, welcher rechts und links einen Astpflock trägt, windet sich die Schlange halb empor. Adam steht rechts. Sein verstofsener Kopf ist dem Baume zugewandt; mit der Linken hält er ein Feigenblatt vor seine Blöfse; seine Rechte verschwindet hinter der kegelförmigen Baumkrone, auf welcher einige Blätter und Früchte sichtbar sind. Von der links stehenden Figur der Eva sind nur noch Bruchstücke erhalten. Auch das Weib deckt sich mit der Linken. Ihr linker Arm ist abgebrochen und nur die an der Baumkrone noch sichtbare Hand läfst erkennen, dafs sie ihre Rechte ausgestreckt hatte, um eine Frucht zu brechen. Auffällig ist

---

Artikeln findet sich ein Hinweis auf den Sarkophag von S. Ambrogio, auf welchem ein „*ganzer Cyclus*" von Scenen aus der Geschichte der Stammeltern sculpirt sei. Auf dem Sarkophage selbst findet sich aber keine Adam- und Evadarstellung aufser der oben beschriebenen. Wohl aber tragen die Lünetten, welche die Rundbögen zwischen dem Sarkophage und dem darüber errichteten Ambon ausfüllen, einige Darstellungen, von denen wenigstens eine auf Adam und Eva bezogen werden kann. Doch schon ein flüchtiger Blick auf diese Sculpturen lehrt, dafs sie auf keinen Fall zur Kunst des christlichen Alterthums gehören.

[1] Die beste Abbildung bei *Le Blant*, *Les sarcophages chrétiens de la Gaule* pl. 26, ebenda p. 98 ein Verzeichnifs der zahlreichen älteren Publicationen.

ihre Haartracht, welche sich wie ein am Hinterkopf zusammengebundener Zopf ausnimmt.

Nr. 17. Linke Schmalseite des jetzt veschollenen früher zu Cahors befindlichen Sarkophags. Die Abbildungen[1]) lassen nur das allgemeine Schema der Darstellung erkennen und erlauben keine Schlüsse auf Stil und Zeit. Der Baum mit der Schlange ist von den beiden Frontfiguren der ersten Menschen umgeben. Rechts deckt sich Adam mit beiden Händen, links Eva allein mit der Linken, während die Rechte unter ihrer Brust ruht. Die von dem Copisten sehr oberflächlich gezeichnete rechte Hand macht es unmöglich, zu unterscheiden, ob das Weib auf den Baum weisen soll, oder ob nur eine bedeutungslose Gebärde beabsichtigt war.

Nr. 18. Deckelfragment im Museum zu Vienne[2]). In der Mitte steht der Baum, an welchem sich die Schlange in grofsen Windungen, den Kopf nach links, emporringelt. Rechts ist Adam dargestellt. Sein Kopf ist abgebrochen. Die Blöfse bedeckt er mit beiden Händen. Von der ihm gegenüberstehenden Eva sind nur die Beine und der linke Arm erhalten.

Nr. 19. Fragmentirte Schmalwand eines Sarkophags zu Manosque (*Le Blant, sarc. de la Gaule* pl. 50). Adam, im halben Profil nach links, hält mit der Linken das Feigenblatt. Seine am Munde befindliche Rechte zeigt an, dafs er gerade im Begriff ist, von der verbote-

---

[1]) Der Sarkophag ist nur durch eine schlechte Zeichnung aus dem Jahre 1783 bekannt, welche zuerst im *Bulletin Monumental* 1879 p. 163 publicirt wurde. Eine Abbildung derselben auch bei *Le Blant* l. c. pl. 21, 2.

[2]) *Le Blant, les sarcoph. chrétiens de la Gaule* pl. 5.

nen Frucht zu essen. Links neben ihm steht der Baum, dessen nach rechts ragender Ast eichlaubähnliche Blätter trägt. An seinem Stamme sind die Reste eines schuppigen Schlangenleibes sichtbar. *Peiresc* sah das Fragment noch weniger verletzt. Seine Zeichnung (*Garrucci* tav. 351, 2) giebt den Baum mit der Schlange vollständig und ein Bruchstück von der links stehenden Eva (rechtes Bein vom Knie abwärts) wieder.

Nr. 20. Seitenfläche des Sarkophags von Lucq de Béarn (*Le Blant* l. c. pl. 27). Der Baum theilt sich oben in zwei gewaltige Aeste, zwischen und an denen grofse Blätter hervorspriefsen. Hinter dem nach rechts ragenden Aste wird der Kopf der Schlange sichtbar, welche um den dicken Stamm geringelt ist. Rechts steht Eva, den Kopf mit dem reichen, zum Theil auch auf die Brust fallenden Haare rückwärts wendend. Mit der Linken deckt sie sich; auf der erhobenen Rechten trägt sie eine grofse runde Frucht. Adam, der ihr gegenübersteht, und dessen nach rechts gedrehter Kopf unverhältnifsmäfsig viel gröfser gebildet ist als der des Weibes, hält in beiden Händen ein Blatt, mit welchem er seine Nacktheit verhüllt.

Eine Replik dieses Sarkophages befand sich in Auch und wird jetzt im Museum zu Toulouse aufbewahrt (*Le Blant* l. c. pl. 25, *Garrucci* tav. 312, 4):

Nr. 20a. Die Darstellung ist hier von zwei Säulchen auf hohen Postamenten eingefafst. Eva sieht sich nicht um, sondern hat ihren Kopf in der Richtung ihres Körpers nach links gedreht. Aufserdem hält sie in der Linken ein Blatt, welches sie zur Verhüllung benutzt. Im Uebrigen ist die Scene eine verschlechterte Auflage von Nr. 20). Das Unvermögen des Steinmetzen, welches sich schon auf dem Sarkophag von Lucq de Béarn unangenehm fühlbar macht, tritt hier in noch viel höherem Maaſse zu Tage. Dort ist die Arbeit oberflächlich und die Modellirung der Körper unrichtig, hier ist alles roh und barbarisch. Merkwürdig ist die Art, wie das Balanciren der Frucht auf den Fingerspitzen der Eva auf dem Relief von Auch wiederholt ist. Das völlige Verlöschen des Formensinns, welches sich in den ungelenken plumpen Gliedern, die den Protoplasten das Aussehen von Wassersüchtigen geben, und in ihren unbeholfenen Stellungen ausspricht, läſst eine Zeit tiefen Verfalls als Entstehungszeit der Sculpturen, besonders von 20a, erkennen und führt, wenn nicht in das sechste Jahrhundert, so doch nahe an seine Grenze.

Ob übrigens der Sarkophag von Auch eine Copie desjenigen von Lucq de Béarn ist, oder ob beiden eine gemeinsame Vorlage zu Grunde liegt, muſs unentschieden bleiben.

Nr. 21. Marmorfragment zu Arles „*in quo Adam cum Eva et Serpente*" [1]).

Ferner liefert Spanien ein Beispiel für das gleiche Schema in der Darstellung des Adam und der Eva (Nr. 22). Die Scene befindet sich auf einem Sarkophage aus granadischem Marmor, welcher aus der Kathedrale von Astorga nach Madrid gebracht ist [2]).

Adam steht links, Eva rechts, beide en face mit einer Drehung des Kopfes nach der Mitte. Sie bedecken sich

---

[1]) *Le Blant, étude sur les sarcophages chrétiens antiques de la ville d'Arles* p. 69, Nr. LXXII nach *Peiresc*. Ohne Abbildung.

[2]) *Garrucci*, tav. 314, 6; *Hübner, Antike Bildwerke in Madrid*, Anhang Nr. 946; *Museo Español de Antigüedades* tom. VI p. 587.

mit beiden Händen, und zwar wird auch die Linke von dem Feigenblatt verborgen. Von dem Baume zwischen beiden Menschen sind nur wenige Fragmente erhalten. Wenn die Abbildungen nicht allzusehr idealisirt sind, so muſs dieser Sarkophag noch der ersten Hälfte des vierten Jahrhunderts zugeschrieben werden, wenn auch die im *Museo Español* l. c. versuchte Datirung in das Jahr 330 schwerlich haltbar ist.

Schlieſslich ist auch in Nordafrika eine Darstellung unserer Stammeltern nachgewiesen, welche ebenfalls zu der Reihe der bis jetzt behandelten Monumente gehört.

Auf einem zu Carthago entdeckten Sarkophagfragmente fand sich „*il pastor buono, la moltiplicazione dei pani e pesci, Adamo ed Eva dopo il peccato*"[1]). (No. 23.)

Was den äuſseren Rahmen der Composition betrifft, so bewegen sich diese Denkmäler der Sculptur trotz der Verschiedenheit ihrer Provenienz in den Grenzen der Darstellung, welche schon von der Kunst der Katakomben eingehalten wurden. Die drei Elemente, aus welchen die Scene auf den Fresken zusammengesetzt war, finden sich hier wieder. Mann, Weib und Baum mit oder ohne Schlange bilden die einfache Gruppe. Innerhalb dieses Schema werden auch hier durch verschiedene Gebärden der Menschen verschiedene Ereignisse der Geschichte ausgedrückt. Die Mehrzahl der besprochenen Reliefs veranschaulicht die erste Folge der Uebertretung, indem sie nur das schamvolle Verhüllen der Blöſse darstellen (Nr. 2, 3, 4, 5, 6, 7, 8, 11, 12, 15, 17, 18, 22). Auch der Uebergang von der Versuchung zur

---

[1]) *Bulletino di arch. crist.* 1884/85 p. 47. Abbildungen nicht vorhanden.

That läfst sich in der Plastik constatiren. Entweder greifen beide Menschen zum Baum (Nr. 14, 16), oder Eva streckt allein ihre Hand aus, während Adam ruhig zuschaut (Nr. 1, 20). Eine Bereicherung gegenüber der Malerei erfahren die innerhalb des übernommenen Rahmens zur Darstellung kommenden Momente durch die Schilderung der That selbst, des Geniefsens der verbotenen Frucht, und zwar ist es der Mann, der die Hand zum Munde führt (Nr. 10, 13, 19), während das Weib noch an der Baumkrone beschäftigt ist. Wenn die Steinmetzen bei dieser Schilderung der Sünde selbst zugleich vorgreifend die Verhüllung zur Darstellung brachten, so wurden sie von den gleichen Rücksichten geleitet, wie sie oben bei der Besprechung derselben Thatsache in der Malerei erwähnt wurden.

Doch bei der unveränderten Verwendung des alten Schema bleibt die Plastik nicht stehen. Eine Umstellung der drei üblichen Elemente der Gruppe ist auf dem Sarkophage in der Mauer des Minoriten-Klosters zu Velletri versucht (Nr. 24)[1]. Die in flachem Relief gehaltene Arbeit zeigt auf einer Terrainandeutung rechts die nackte Frontfigur der Eva, welche den Kopf im Profil nach links wendet und mit der Linken die Blöfse verdeckt. Ihre Rechte, in welcher sie eine runde Frucht zu halten scheint, ist von Adam ergriffen, welcher links ganz unverhüllt — nur *Garrucci* bildet das gebräuchliche Blatt vor seiner Blöfse ab — in halbem Profil, den Kopf in voller Seitenansicht nach rechts, neben der Eva steht und die Linke auf ihre Schulter gelegt hat. Links erhebt sich ein Bäumchen

---

[1] *Münter*, Sinnbilder Band II Tafel 8, 20. — *Garrucci*, tav. 374, 4.

bis zur Höhe seiner Hüfte. Einige Blätter und Früchte von undeutlicher Gestalt bilden die kleine Krone. Am Fuſse des Baumes ringelt sich die Schlange mit erhobenem Kopf, eine Frucht im Maule, dem ersten Menschenpaare zu. Mehr als je bis dahin ist auf die biblische Erzählung Rücksicht genommen. Eva hat schon von der Frucht genossen. Jetzt reicht sie den verhängnifsvollen Bissen ihrem Manne, der noch im Besitze voller Unschuld dargestellt ist. Der Baum mit der Versucherin ist nur zur Verdeutlichung dieses Augenblickes hinzugesetzt. Cardinal *Borgia*, welcher zuerst eine Abbildung von dem Relief in Kupfer stechen ließ, setzte es in das 5. oder 6. Jahrhundert. Doch hat *Garrucci* Recht, wenn er für die Entstehung eine frühere Zeit annimmt.

Während diese Veränderung der alten Composition durch Umstellung der Elemente singulär bleibt, tritt eine Erweiterung der einfachen ursprünglichen Gruppe durch Zufügung von Personen mehrfach auf. Den drei alten Elementen der Gruppe wird eine bekleidete menschliche Gestalt beigesellt, und zwar ist es zunächst eine Hintergrundsfigur, welche nur dadurch mit der Scene in der oberflächlichsten Verbindung steht, daſs ihr Kopf den Stammeltern zugewandt ist.

Diese einfachste Erweiterung sehen wir auf zwei spanischen Sarkophagen, die zu Layos unweit Toledo gefunden wurden (Nr. 25 u. 26)[1]. Das beiden Gemeinsame besteht darin, daſs rechts von dem Baume ohne Schlange

---

[1] *Garrucci*, tav. 369, 4 und 376, 3. Im *Museo Español* p. 595 wird Nr. 25 dem Jahre 408, Nr. 26 dem Jahre 330 zugeschrieben. Diese allzugenaue Datirung wird dahin zu erweitern sein, daſs der letztgenannte Sarkophag aus dem vierten, der erste aus dem Anfang des fünften Jahrhunderts stammt.

Eva, links Adam dargestellt ist, und links hinter dem Manne eine zum Theil verdeckte, mit Tunica und Pallium bekleidete, bartlose und kurzhaarige Jünglingsgestalt im Halbprofil nach rechts ihren Platz gefunden hat. Auf Nr. 25 (*Garrucci* tav. 369, 4) stehen die langgestreckten schmalen Figuren der Protoplasten beide e. f. und wenden den Kopf im Halbprofil nach der Mitte. Adam hält in beiden Händen das Feigenblatt, Eva nur mit der Linken, während ihre Rechte hinter der sehr roh gearbeiteten Krone des Baumes verschwindet. Von dem Jüngling ist aufser dem Kopf das linke Bein mit einem Theile der Tunica sichtbar. Auf Nr. 26 (*Garrucci* tav. 376, 3) ist die Brust des Jünglings mit den zugehörigen Gewandstücken angedeutet, während der Unterkörper nicht ausgeführt wurde. Adam (e. f. Kopf im Halbprofil nach rechts) giebt dem Feigenblatt mit der Linken Halt und hat die Rechte zum Baum erhoben; Eva (im Halbprofil nach links) hat beide Hände über dem Blatt vor ihrer Scham gekreuzt. Die beiden Hintergrundsgestalten wären am einfachsten als bedeutungslose Füllfiguren zu erklären. Doch wenn wie hier nur einzelnen Scenen der Sarkophage solche Figuren beigefügt sind, wird man damit zu rechnen haben, dafs der Bildhauer ihnen irgendwelche Bedeutung beigemessen. Hier kommen zwei Benennungen für sie in Betracht. Der jugendliche Zeuge der ersten Sünde kann nur entweder Christus oder ein Engel sein. Eine bestimmte Entscheidung für eine dieser beiden Deutungen ist indessen kaum möglich[1]).

---

[1]) Auf später zu besprechenden Monumenten kommt Christus nachweislich neben Adam und Eva vor. Doch hier spricht gegen ihn, dafs die kurzhaarigen Köpfe von dem üblichen langlockigen Christustypus nicht unerheblich abweichen.

Die Beifügung eines bärtigen Mannes zu der ursprünglichen Gruppe zeigt Nr. 27, eine Scene auf einem Sarkophag des Lateran aus dem Ende des vierten Jahrhunderts (*Ficker* Nr. 191, *Garrucci* tav. 312, 1). In der Mitte steht der Baum, der durch die Gestalt der Blätter als Feigenbaum charakterisirt ist. Die Schlange fehlt. Das rechts vom Baume befindliche Weib, welches ebenso wie der links stehende Mann en face dargestellt ist und den Kopf dem Baume zuwendet, hat mit der erhobenen Rechten eine Frucht ergriffen, um sie zu brechen. Mit der Linken hält sie Feigenblätter vor ihre Blöfse. Der Mann bedient sich beider Hände zur Verhüllung; die Blätter, welche er in der Linken hält, verdecken zugleich die Rechte. Hinter ihm steht im Halbprofil nach rechts eine mit Tunica und Pallium bekleidete Figur, welche die Protoplasten aufmerksam zu betrachten scheint.

Eine verwandte Scene ist für Gallien nachgewiesen. *Le Blant* (*étude* p. 57 Nr. LIV) führt einen jetzt in der Mauer des Minoritenklosters zu Arles befindlichen Sarkophag an, „*représentant Ève et le serpent enroulé autour de l'arbre du paradis, près de la femme deux personnages barbus, dont l'un n'appartient pas à cette scène.*" (Nr. 28).

Auf den bisher besprochenen Monumenten war der zugefügten Person nur eine Statistenrolle zugewiesen, doch auf Nr. 29 greift sie in die Handlung ein. Die betreffende Gruppe findet sich links auf dem zuerst von *Aringhi* (*Rom. Sott.* II p. 399) veröffentlichten Marmor, jetzt im Lateran (*Ficker* Nr. 135, *Garrucci* tav. 318, 1). Wie der unter Nr. 27 besprochene, ihm stilistisch nah verwandte wird er dem Ausgange des vierten Jahrhunderts zuzuschreiben sein. Leider ist der Sarkophag vielfach mit Ergänzungen versehen, welche dem originalen Stil wenig entsprechen und oft wie bei der Adam- und Evadarstellung geradezu unrichtig sind. In dem gegenwärtigen Zustande unserer Gruppe ist auf ihrem linken Flügel ein älterer bärtiger Mann in Tunica und Pallium, Sandalen an den Füſsen, sichtbar, welcher seine Rechte auf die rechte Schulter des neben ihm stehenden Adam legt. Dieser wendet seinen bärtigen Kopf, der mit halblangem gelockten Haar geziert ist, zu dem Manne zurück. Die Schrittbewegung seiner Beine zeigt an, daſs er rasch forteilen möchte. Mit seiner Linken hält er das Feigenblatt vor seine Blöſse. Die Rechte legt er auf seine linke Schulter: jene unwillkürliche Bewegung, die ein Mensch macht, der plötzlich an der Schulter gefaſst, diese der unerwarteten Berührung entziehen möchte[1]. Auf Adam folgt der Baum, der durch sein Blattwerk als Lorbeer gekennzeichnet ist. Am oberen Theil des Stammes sind die Ueberreste der Schlange sichtbar. Rechts neben dem Baume endlich steht Eva, die in ruhiger Haltung vor sich niederblickt, mit der Linken das deckende Blatt haltend, die Rechte bis zur Brust erhebend, eine Gebärde, welche Staunen oder Schrecken ausdrückt. Von dieser Darstellung ist aber der ganze obere Rand mit den Köpfen der Personen und der Krone

---

[1] *Friedrich a. a. O. S.* 114 sieht in dieser Gebärde, daſs Adam die „*Initiative ergreift*". Unser Sarkophag führe uns vor Augen „*wie die christliche Kunst nur so allmählig aus der heidnischen herauswuchs*" *(!)*. *Heuser* a. a. O. S. 17 meint, Adam deute auf Eva, die ebenfalls die Schuld von sich abwälzen wolle. Die Gebärde kann aber nur als Schreck oder Staunen ausgelegt werden.

des Baumes ergänzt[1]). Der bärtige Kopf des links stehenden Mannes wird im Wesentlichen eine richtige Ergänzung sein, denn bei Nr. 27, dem Produkte der gleichen Schule[2]), ist die Person neben den Stammeltern bärtig. Adams Kopf war dagegen sicher unbärtig. Ein singuläres Abweichen von dem allgemein üblichen Typus ist undenkbar. Nur die Rückwärtswendung seines Kopfes dürfte dem ursprünglichen Zustande entsprechen. In ähnlicher Weise werden wir uns auch den Kopf der Eva nach links gewandt zu denken haben, so dafs sie also nicht nach unten auf die einer andern Scene, dem Weinwunder von Kana, angehörenden Krüge niederblickte, sondern ihre Augen auf den Mann links richtete, welcher Adam in Schrecken gesetzt hat[3]).

Da man das Berühren eines der Protoplasten an der Schulter durch eine dritte Person als Ausstofsen aus dem Paradiese zu verstehen pflegt[4]), so darf hier wohl ein Monument angereiht werden, welches von *De Rossi* im *Bulletino* 1871 p. 87 und mit dessen Worten von *Garrucci* V p. 162 erwähnt wird: „*Terni nel portico della cattedrale . . . un sarcofago adorno di sculture effigianti . . Adamo ed Eva discacciati dal paradiso è murato nel portico della cattedrale*" (Nr. 30)[5]).

Hier drängt sich die Frage auf, wie man die bärtige

---

[1]) Vergl. *Ficker* S. 77. Auf *Garrucci's* Abbildung (318, 1) trennt eine Linie Ursprüngliches und Ergänztes.

[2]) Vergl. *Ficker* S. 150.

[3]) Diese hier vermuthete Reconstruction wird durch die unter Nr. 31 zu besprechende Darstellung bestätigt.

[4]) *Le Blant*, étude in den Ausführungen zu pl. 20. *Münter* a. a. O. S. 45. *Schultze, Studien* S. 150.

[5]) Jetzt nicht mehr an der angegebenen Stelle. Ueber den Verbleib war nichts zu erfahren.

Person benennen soll, welche mit der Adam- und Evadarstellung in mehr oder weniger enger Verbindung steht. Am leichtesten wird die Frage nach der inneren Beziehung dort zu lösen sein, wo der äufsere Zusammenhang am gröfsten ist, also bei Nr. 29. Der Mann, welcher dort die Protoplasten in Schrecken setzt, wird von *Victor Schultze* als Engel aufgefafst, welcher die Vertreibung vollzieht[1]. Die Bärtigkeit der Figur kann man nicht ohne Weiteres dagegen geltend machen[2]. Jedoch sind die nichts als Ueberraschung und Schrecken ausdrückenden Gebärden der Stammeltern nur auf den Moment der biblischen Erzählung zu beziehen, wo sie nach ihrer Uebertretung von Gott zur Rechenschaft gezogen werden. Nicht um Genesis 3, 23 f., sondern um 3, 8 handelt es sich hier, und das plötzliche Erscheinen Gottes mit seiner Wirkung auf die Sünder ist auf diesem Relief naiv und drastisch zum Ausdruck gebracht. Wir sehen also in dem bärtigen Manne eine Darstellung Gott-

---

[1] *Studien*, S. 150. Dabei beruft er sich auf *Bottari* tav. 51; doch hier handelt es sich um eine ganz andere Scene, vergl. unten Nr. 31. Auf dem Lateranensischen Kreuz, welches S. ebenfalls anführt, stöfst ein geflügelter, und bei *Ciampini, vetera monumenta* II, tav. 10 sogar bärtiger Engel die ersten Menschen aus dem Paradiese; doch darf dies Denkmal kaum als Analogie herbeigezogen werden, wie es von *Schultze* geschieht, da das Kreuz nicht dem VI., sondern dem Ende des XIII. Jahrhunderts angehört. Vergl. *Tikkanen, Genesis-Mosaiken von Venedig und Kottonbibel* S. 9.

[2] Es ist durchaus nicht aufgeklärt, ob bärtige Engel in der altchristlichen Kunst vorkommen oder nicht, trotz der scharfen Zurückweisung von *Ficker, Hasenclever* und anderen. Wie will man z. B. den bärtigen Mann erklären, der den Habakuk am Schopfe hält?

Vaters, und dann nicht nur hier, sondern auch auf Nr. 27 und 28¹).

Eine gröfsere Bedeutung kommt einer anderen Erweiterung der ursprünglichen Scene zu, die zwar äufserlich mit den zuletzt betrachteten Monumenten vielfach übereinstimmt, aber zugleich die Keime zu einer neuen Gruppe in sich trägt:

Nr. 31. Auf der Vorderwand eines Sarkophags aus dem Ende des vierten Jahrhunderts im Lateran (*Ficker* Nr. 163, *Garrucci* tav. 372, 3). Die Protoplasten stehen beide e. f., Adam links und Eva rechts, den Kopf nach links wendend. In der Linken halten sie Feigenblätter zur Verhüllung ihrer Nacktheit. Die geöffnete Rechte haben sie bis zur Brust erhoben in der Gebärde des Staunens oder Schreckens, wie die Eva auf Nr. 29. Die Frucht, welche das Weib heute in der Rechten hält, ist eine unbegründete Zuthat des Ergänzers. Zwischen den Menschen steht der Baum; an seinem Fufse ist das Fragment einer Schlange sichtbar, welche in der modernen Ergänzung ihren Drachenkopf zu dem Weibe erhebt.

---

¹) Trotz des lebhaften Widerspruchs, den die These erfahren hat, dafs die alten Christen Gott in Menschengestalt gebildet, wird jetzt überall wenigstens in e i n e r Scene die Darstellung Gottes in Menschengestalt anerkannt. (Sarkophag von S. Paolo f. l. m, Schöpfungsscene.) Damit ist aber zugleich die Möglichkeit anerkannt, in anderen bärtigen Figuren Gott-Vater zu sehen. Bedenken wie die, dafs die alten Christen die Gegenwart Gottes nur durch eine Hand aus den Wolken angedeutet hätten etc., können deshalb gegen unsere Deutung, die von allen die nächstliegende ist, nicht erhoben werden. — Auf eine merkwürdige Erklärung geräth *Büttner*, S. 16 u. 17, der in den bärtigen Begleitfiguren eine Verkörperung des prophetischen Gedankens sieht.

Die Baumkrone trägt flüchtig angedeutetes Feigenlaub und einige undeutlich ausgeführte Früchte. Links neben Adam steht die mit Tunica, Pallium und Sandalen bekleidete Gestalt eines Jünglings, welcher den langlockigen, bartlosen Kopf dem ersten Menschenpaare zuwendet und in der Rechten ein Aehrenbündel trägt[1]). Hinter ihm befindet sich ein ebenfalls bartloser Hintergrundskopf im Profil nach rechts.

Dieser Jüngling mit der Garbe, hier der alten Gruppe nur beigeordnet, verdrängt auf anderen Monumenten den Baum von seinem alten Platze und nimmt die Stelle desselben zwischen den Stammeltern ein. Auf der oberen Reihe des vielbesprochenen Sarkophags von S. Paolo f. l. m. (Nr. 32)[2]) zeigt die zweite Scene links das erste Menschenpaar in Frontstellung, die Köpfe im Halbprofil nach der Mitte gewandt. Eva deckt mit beiden Händen den Blätterstrauſs über ihre Blöſse, Adam nur mit der Linken; seine Rechte ist geöffnet, um die Garbe aus der Hand des zwischen den Protoplasten stehenden Jünglings in Empfang zu nehmen. Letzterer hat den oben be-

---

1) Auf älteren Publicationen (*Bosio* pl. 154 etc.) sieht man den Jüngling mit einem Stabe in der Hand, eine Ergänzung, die unbegreiflich ist, da der Ansatz des Aehrenbündels alt ist. Nur die Hand und die Spitzen der Aehren sind ergänzt.

2) Jetzt im Lateran (*Ficker* Nr. 104; *Garrucci* tav. 365, 2). Die Fundumstände lassen darauf schlieſsen, daſs der Sarkophag in den ersten Jahrzehnten des fünften Jahrhunderts an seine Stelle gebracht und nicht lange vorher gearbeitet wurde. Näheres bei *Ficker* S. 40; *Schultze*, „ein Sarcophag aus S. Paolo (Studien* S. 145 ff.) Auf *Parker's* Photographie (Nr. 2902) ist als Entstehungszeit fälschlich das vierte Saeculum angegeben.

schriebenen Typus. Er wendet sein Antlitz dem links stehenden Adam zu. In der Rechten hält er das Aehrenbündel, in der Linken die Vorderpfoten eines Lammes, welches mit seinen Hinterbeinen den Boden berührt und den Kopf rückwärts dreht. Je ein abbozzirter Hintergrundskopf ist links und rechts von dem Haupte des Jünglings sichtbar. Rechts neben der Eva steht der Früchte tragende Feigenbaum, an dessen Stamme sich die Schlange nach links ringelt, eine Frucht im Maule. Die alte Gruppe ist gesprengt. Das frühere Centrum der Scene ist ein *„erläuterndes Motiv"* geworden, welches auch ganz fehlen könnte. In der That ist auch auf den übrigen Monumenten, welche die neue Gruppe der Uebergabe von Aehren und Lamm an die Stammeltern schildern, diese letzte Consequenz gezogen und die Reminiscenz an die alte Composition der Katakomben, der Baum mit der Schlange, ganz fortgelassen.

Nr. 33. Auf einem stark verwitterten Sarkophagfragment in Villa Medici, an der Gartenfront des Casino eingemauert (*Grousset* Nr. 138, *Garrucci* tav. 396, 3). In der Mitte steht der Jüngling mit Tunica und Pallium bekleidet, Sandalen an den Füfsen, in Frontstellung, den Kopf mit dem lockigen Haar in halbem Profil nach links, und hält in der Rechten das Aehrenbündel, in der Linken das Lamm. Adam (links in halbem Profil nach rechts mit fast ganz zerstörtem Kopf) läfst die Arme an beiden Seiten seines Körpers herabhängen. Ihm in Stellung und Haltung entsprechend ist Eva rechts im Halbprofil nach links dargestellt. Es ist nicht ersichtlich, wie die Menschen ihre Blöfse verhüllen, da diese schon durch die Gaben des Jünglings verdeckt wird.

Nr. 34. Auf der oberen Reihe eines Sarkophags im Lateran (*Ficker* Nr. 189, *Garrucci* tav. 367, 2). Die beiden im Halbprofil nach der Mitte dargestellten ersten Menschen halten in beiden Händen das verhüllende Blatt und wenden den Kopf dem zwischen ihnen en face stehenden Jüngling zu. Dieser ist mit Tunica und Pallium bekleidet und trägt Sandalen an seinen Füfsen. In der Rechten hält er die Garbe, in der Linken das Lamm an den Vorderpfoten. Den Lockenkopf wendet er dem in dieser Scene stets zu seiner Rechten befindlichen Adam zu. Der Mann mit der Buchrolle, welcher rechts neben der Eva steht und seinen bärtigen Kopf den Protoplasten zuwendet, ist eine moderne Ergänzung. Die Richtigkeit derselben bleibt zweifelhaft [1]).

Nr. 35. Die letzte Scene oben rechts auf einem ebenfalls im Lateran befindlichen Sarkophag mit doppelter Bildreihe (*Ficker* Nr. 178, *Garrucci* tav. 367, 3). Die Gruppe hat in Composition und Art der Arbeit die gröfste Verwandtschaft mit Nr. 34. Jedoch sind alle Gestalten modern überarbeitet und vielfach ergänzt, — die Köpfe sind sämmtlich neu — wodurch der Stil einen grofsen Theil seines ursprünglichen Charakters eingebüfst hat. Der Jüngling in derselben Stellung und Gewandung wie auf Nr. 34, in der Rechten die Aehren, in der Linken das Lamm, steht zwischen den ihm in halbem Profil zugewendeten Gestalten der Protoplasten, die mit beiden

---

[1]) Wenn hier eine Hintergrundsfigur ursprünglich vorhanden war, so scheint sie doch nach der anderen Seite gerichtet gewesen zu sein. — Auf der *Parker*'schen Photographie (2911) wird der Sarkophag dem vierten Jahrhundert zugeschrieben. Die flüchtige und schlechte Arbeit weist aber mit Entschiedenheit auf das fünfte. Vergl. auch *Ficker* u. a. O.

Händen das Blatt halten, welches ihre Scham bedeckt. Zwischen Adam und dem Jüngling ist Kopf und Hals einer bärtigen Hintergrundsfigur im Profil nach rechts sichtbar.

Nr. 36. Mittelgruppe auf der Bildwand eines Sarkophags, ehemals in der Vigna Baseggio, jetzt in der Sammlung des Deutschen Campo Santo zu Rom befindlich. (*Garrucci* tav. 310, 1, *Grousset* Nr. 96). Zu den drei Hauptpersonen, nämlich dem Jüngling in Tunica, Pallium und Sandalen[1]), in den Händen Aehren und Lamm, und den ihn umgebenden Figuren des Adam und der Eva im Halbprofil nach der Mitte kommen hier noch die Köpfe von vier bartlosen Hintergrundsfiguren, welche so vertheilt sind, dafs zwei im Profil nach rechts den Kopf des links stehenden Adam einfassen und zwei im Profil nach links den Kopf der Eva flankiren. Das Relief hat durch die Zeit vielfach gelitten. Starke Corrosionen machen sich besonders an den Köpfen bemerkbar[2]).

Nr. 37. Eine Erweiterung der Gruppe durch drei unbärtige Hintergrundsfiguren zeigt die erste Scene eines Sarkophags im Lateran (*Ficker* Nr. 186, *Garrucci* tav. 313, 4). Zwei von den begleitenden Männern, mit Tunica und Pallium bekleidet, an den Füfsen Sandalen, stehen im Halbprofil nach der Mitte zu beiden Seiten des Jüng-

---

[1]) Auf der ungenauen Abbildung *Garrucci's* sind diese übersehen.
[2]) *Grousset* bespricht diesen Sarkophag in seinem Kataloge zweimal (Nr. 96 u. 120), ohne die Identität zu bemerken. Obwohl er den Sarkophag nicht in der Vigna Baseggio gesehen haben kann, weist er mit keiner Notiz darauf hin, dafs das Monument dort nicht mehr zu finden sei und von ihm nicht nach dem Original, sondern nur nach der Abbildung bei *Garrucci* beschrieben werde.

lings, der in der oben beschriebenen Gewandung den Lockenkopf geradeaus richtet, und dessen ergänzte Linke auf den Vorderpfoten des zu ihm aufspringenden Lammes ruht; nach einer unverständigen Ergänzung trägt er anstatt der Garbe einen Stab in der Rechten, auf welchen er sich stützt. Diese Mittelgruppe ist links von der Frontfigur des Adam begrenzt, der in der Linken das Feigenblatt hält (Kopf und rechter Unterarm mit der geöffneten Hand sind neu), und rechts von der Eva, welche, das Blatt in beiden Händen, im Halbprofil nach links dargestellt ist. Eine dritte Begleitfigur steht hinter dem Adam. Ihr bartloser Kopf mit dem kahlen Vorderschädel ist nach rechts gewendet. Die im Redegestus erhobene Rechte sieht aus dem Sinus ihres Palliums hervor.

Nr. 38. Deckelfragment im Palazzo Rondinini zu Rom (*Grousset* Nr. 151, *Garrucci* tav. 396, 4).

Adam links, mit vorgebeugtem Oberkörper, in halbem Profil nach rechts, hält mit der Linken das Blatt vor seine Scham und streckt die Rechte nach der Garbe aus, welche der Jüngling in der Rechten trägt. Mit der Linken hält dieser das Lamm. Eva, rechts in Frontstellung, den leicht erhobenen Kopf in halbem Profil nach links, bedeckt sich mit dem Feigenblatt in der Linken und läfst die Rechte unter ihrer Brust ruhen. Zu Adams Füfsen steht ein bis über den Rand mit Brod gefüllter, geflochtener Korb.

Nr. 39. Auf dem in den Katakomben von San Giovanni zu Syrakus aufgefundenen, jetzt im Museo nazionale ebendort befindlichen Marmorsarkophag der Adelfia[1]).

---

[1]) Dieser reich sculpirte Sarkophag, an dem noch Farbspuren vorhanden sind, wurde von *De Rossi* (*Bulletino* 1872 p. 81) in

Die Zuweisung ist die erste Scene des oberen Sarkophagbildstreifens. Der in üblicher Weise bekleidete Jüngling, in Frontstellung, den Kopf nach links, in der Rechten die Aehren[1]), in der Linken die Vorderpfoten des Lammes, steht inmitten der Protoplasten, die, beide Hände vor dem Blätterschurz, in halbem Profil nach der Mitte, die Köpfe in voller Seitenansicht, dargestellt sind. Am Boden zwischen Adam und dem Jüngling befindet sich eine zweite Garbe in aufrechter Stellung.

Nr. 40. Linke Seitenfläche des Sarkophags der 18 Märtyrer in der Krypta der heiligen Encratis zu Saragossa[2]). Auch hier ist die Anordnung der Gruppe so,

---

das vierte Jahrhundert gesetzt. Jedoch spricht die Gedrungenheit der Proportionen, die schematische Gewandbehandlung (furchenartige Striche ohne weiche Biegsamkeit) mehr für den Anfang des fünften Jahrhunderts Abbildungen: *Garrucci* tav. 365. 1, *Gazette archéologique* 1877 pl. 25 (Photographie).

[1]) So nach der Photographie, die in diesem Punkte der von *Garrucci* publicirten Zeichnung widerspricht.

[2]) Abbildungen bei *Garrucci* tav. 381. 5 Photographische Reproduktion einer Zeichnung des *Montañes* bei D. *Aureliano Fernandez Guerra y Orbe, Monumento Zaragozano del año 312*. Vergl. auſserdem *Fernandez Guerra y Orbe* im *Bulletin Monumental* 1867 p. 39 ff. *Garrucci* im *Bulletino dell' instituto* 1860 p. 176. Hübner, *Antike Bildwerke von Madrid* p. 340; Hübner, *Inscriptiones Hispaniae christianae* p. 48. — Der Sarkophag wurde am 13. März 1389 bei Renovirungsarbeiten am *sanctarum massarum monasterium* neben andern Steinsärgen gefunden. Er war mit den Resten menschlicher Gebeine, Asche etc. angefüllt. (vgl. die Fundberichte der Chronisten *Diego Murillo, Fundacion milagrosa de la Capilla angelica y apostolica de la Madre de Dios del Pilar; Marton, Origen y antigüedades del subterraneo y celeberrimo santuario de Santa Maria de las Santas Masas*, auch der *Acta Sanctorum* von *Ruinaert* und den *Bollandisten*.) — Man hat nie bezweifelt, daſs dies der Sarkophag der achtzehn unter Dacian im Jahre 302 ge-

dafs der Jüngling mit seinen Gaben die Mitte einnimmt.
Er ist wie immer bekleidet, hält in der Rechten die

fallenen Blutzeugen sei, von denen schon *Prudentius (Peristeph.* IV 16 ff.) rühmt, dafs sie sämmtlich in einer *arca* ruhen. *Fernandez Guerra* weist nach, dafs die Beisetzung der achtzehn in der Krypta der heiligen Encratis um das Jahr 312 geschehen sei. Der Stil der Figuren und die Sorgfältigkeit der Arbeit, die Anordnung der Gewandfalten und der Aufbau der nackten Körper, der ein geschultes Auge und eine geschickte Hand verräth, stehen mit diesem frühen Termine in Einklang. Die beiden Eck-Atlanten, welche mit Kopf und Hand den Deckel stützen, könnten in der gleichen Ausführung auch einem profan-antiken Monumente angehören. Der aus genuesischem Marmor gefertigte Sarkophag, welcher noch jetzt unter modernem Firnifs hier und da Spuren von der ursprünglichen Bemalung zeigt, (vgl. *Ficker, Polychrome Behandlung altchristl. Reliefs, Bildwerke des Lateran*, S. 93) ist durch seine mannigfachen Schicksale heute leider in einem traurigen Zustande. Die rechte Seite beschädigten französische Bomben, welche 1808 in die Krypta einschlugen. Fast noch übler wurde ihm durch die Restaurationsversuche mitgespielt. Schliefslich bedeckte man ihn mit einer dicken Schicht Oelfarbe, welche rücksichtslos auch über die auf dem Rande befindlichen Namen gestrichen wurde, die jedoch in buntem Durcheinander und in hispanisirter Form mit schwarzer Farbe wieder über die Figuren gesetzt wurden. *Hübner* hat von den alten durch *Marton* bekannten Namen keine Spur entdecken können (l. c. l. c. p. 340 resp. 49). *Guerra* glaubt sogar, auch die von *Marton* gelesenen seien nur *dipinti* gewesen (p. 13 „*hechos con tinta negra, pero de ningun modo se crea que abiertos a buril*"). *Garrucci* entdeckte nach sorgfältigen Untersuchungen die eingemeifselten Buchstaben wieder (*Storia* V p. 122) und constatirte, dafs *Marton* im Grofsen und Ganzen recht gelesen habe. Indessen fehlte auf der linken Seite über der oben beschriebenen Scene das C in *Marton's* „ISAC". *Garrucci* meinte, dafs dieser Buchstabe seit 1737, dem Datum von *Marton's* genanntem Werke, verloren gegangen sei. Da die linke Seite des Sarkophags aber von allen am wenigsten gelitten hat, so liegt die Annahme näher, dafs schon *Marton* das C ergänzte. Die Ergänzung der Buchstaben ISA zu ISAC ist aber keineswegs nothwendig. Ebenso gut hätte

Garbe, in der Linken das Lamm und wendet sich
in halbem Profil nach links. Sein Kopf ist ganz profilirt.
Rechts von ihm steht die ihm in der Stellung entsprechende Eva, den Kopf ein wenig erhebend, und
scheint mit beiden Händen das verhüllende Blatt zu halten, während Adam, welcher links von der Mittelfigur
in halbem Profil nach rechts dargestellt ist, dem Blatte
nur mit der Linken Halt giebt und die Rechte frei am
Körper herabhängen läfst. Hinter ihm steht in halbem
Profil nach rechts eine bärtige Figur in Tunica und Pallium
und legt die Rechte auf seine Schulter. Heutzutage
liest man auf dem Rande über der Figur des Weibes
den mit schwarzer Farbe gemalten Namen FLORIA.
Unter der Oelfarbe, mit der das ganze Relief überstrichen
ist, sind aber auch noch die älteren eingemeifselten Namen
nachweisbar, welche die einzelnen Gestalten der Scene
von links nach rechts als ISA (nicht ISAC; vergl.
Anmerkung) ADAN ⳨ EVVA bezeichnen.

Wer ist der Jüngling, welcher auf den zuletzt besprochenen Scenen (Nr. 31—40) die Mitte bildet? Es
wurde erwähnt, dafs bei der Darstellung, in welcher der
erste Ansatz zu der Zuweisungsscene vermuthet wurde,

---

der alte Name z. B. ISAia gelautet haben können. Wie dem
aber auch sei, die Namen können überhaupt keine authentische
Instanz für die Benennung der dargestellten Personen sein. Schon
die zahlreichen Fehler und Willkürlichkeiten beweisen, dafs sie
von der Hand eines Verständnifslosen eingemeifselt wurden. (Die
Begleitfiguren des Herrn sind z. B. ohne allen Grund als ZO
XYSTVS FACCEVS MVSES bezeichnet etc.). Aufserdem sind
sie ein bis zwei Jahrhunderte jünger als die Sculpturen, denn
„*Nomina vero illa sine dubio sarcophago inscripta non sunt ante
saeculum quintum vel etiam sextum*": Hübner, *inscriptiones Hispaniae christianae* p. 48.

die Stiche *Bosio's* und seiner Nachfolger dem Jüngling unrichtiger Weise einen Stab in die Rechte geben[1]. Bis auf *Martigny* hinab hat man daher in diesem Jüngling den Engel erkennen wollen, der mit seinem Stabe die Stammeltern verjagt. Selbst *Victor Schultze* führt diese Scene noch als Beispiel dafür an, dafs man sich die Vertreibung aus dem Paradiese durch den Engel vollzogen gedacht habe[2]. Auf die übrigen Darstellungen der Uebergabe von Lamm und Aehren wandte man dagegen, die enge Verwandtschaft derselben mit Nr. 31 verkennend, diese Deutung nicht an. Es war nur consequent, wenn *Münter* überall in dem Jüngling zwischen Adam und Eva den „*Engel, der sie aus dem Paradiese führt*", sah[3]. Dadurch, dafs in der ersten Beschreibung des neu entdeckten Sarkophags von S. Paolo f. l. m. die Figur mit Lamm und Aehren für weiblich gehalten wurde[4], kam *Piper* dazu, dieselbe für einen allegorischen Genius zu erklären, eine Deutung, die er dann auf sämmtliche Mittelfiguren der Zuweisungsscene übertrug[5]. Ihm folgend tritt neuerdings noch *Hasenclever* dafür ein, dafs der Jüngling „*ein von dem christlichen Steinmetzen in der Form seiner stereotypen Figuren mangelhaft gebildeter Genius*" sei[6].

---

[1] *Bosio* p. 159; *Aringhi* p. 427; *Bottari* tav. 51.
[2] *Studien* S. 150 Anm. 1.
[3] *Münter* a. a. O. S. 45, wo zugleich *Bottari* tav. 51 fälschlich als Gemälde citirt ist.
[4] *Abeken* im *Tübinger Kunstblatt* von *Schorn* und *Förster* 1838 Nr. 60.
[5] *Mythol. und Symbolik* I S. 353.
[6] *Der altchristliche Gräberschmuck* S. 257. — Die Berufung auf die Antike ist unbegründet, denn Horen oder Genien, in der einen Hand ein Lamm, in der anderen eine Garbe, kommen hier

Alle diese Deutungen haben indessen aufser Acht gelassen, dafs die „stereotype" Gestalt des Jünglings Zug um Zug mit einer anderen auf Sarkophagen häufig wiederkehrenden Jünglingsfigur übereinstimmt. Wenn Uebereinstimmungen im Typus irgendwo Schlüsse erlauben auf die Identität der Personen, so mufs die Gestalt, welche den Lazarus erweckt, das Brod vermehrt, Wasser in Wein wandelt, den Gichtbrüchigen, den Blindgeborenen, die Blutflüssige heilt, oder den Petrus warnt, und diejenige, welche hier dem ersten Menschenpaare Lamm und Aehren zuweist, ein und dieselbe Person sein. Das Kostüm, weitärmlige Tunika, Pallium und Sandalen, in welchen der jugendliche Christus überall auf Sarkophagreliefs dargestellt ist, trägt auch der Jüngling zwischen den ersten Menschen. Das gelockte Haar, welches bis in den Nacken fällt, ist hier wie dort das gleiche. Ja, selbst die milden, weichen Gesichtszüge des Herrn und des Jünglings stimmen jedesmal auf denselben Monumenten überein. Ein unwiderleglicher Beweis für die Persönlichkeit der Mittelfigur bei der „Zuweisung" wäre das über demselben angebrachte Monogramm Christi auf dem Sarkophage der 18 Märtyrer — wenn nicht die oft bedenkliche Interpretationskunst des epigonenhaften Inscriptors die Möglichkeit eines individuellen Einfalles offen liefse. Doch ist schon der

überhaupt nicht vor. Bei der von *H.* angezogenen Stelle, *Stephani, compte rendu* 1869 p. 50 Anm. 1 ist nur die Rede von der Eigenthümlichkeit der Steinschneider, Ackerbau und Viehzucht dadurch zusammenzustellen, dafs sie einem Widderkopf eine Aehre ins Maul geben oder neben einem Widder einzelne Aehren oder Blumen darstellen.

überall deutlich beabsichtigte Idealtypus des zuweisenden
Jünglings ein genügender Beweis. Denn die nicht abzu-
weisende Uebereinstimmung mit dem „jugendlichen"
Christustypus ist doch gewiſs nicht zufällig. Oder warum
hielt man sich stets an die Gestalt des Herrn und nicht
an den Typus der Engel oder anderer auf den Sarkophagen vorkommender jugendlicher Figuren, wenn man
Engel oder „allegorische Genien" darstellen wollte? Man
muſs daher überall in dem Lamm und Aehren austhei-
lenden Jüngling mit der groſsen Mehrzahl der Archäolo-
gen aller Zeiten[1]) trotz der scharfen Opposition *Hasen-
clevers*[2]) Christus dargestellt sehen, ohne daſs natürlich
irgend ein Monument z. B. Nr. 31 von dieser Deutung
auszuschlieſsen wäre.

Die Erklärung der übrigen der Scene zugesetzten Personen kann wesentlich kürzer behandelt werden. Der
Name ISA.. auf dem Sarkophage der 18 Märtyrer kann
für die Benennung des unter ihm dargestellten bärtigen

---

[1]) *Bosio, Aringhi, Bottari, Didron, Grimouard de Saint Laurant,
Martigny, Garrucci, De Rossi, Kraus, Heuser, Fernandez Guerra,
Schultze, Springer* u. a.

[2]) a. a. O. S. 257. Die Deutung sei so ungeheuerlich, daſs sie
durch die innere Unmöglichkeit selbst genügend widerlegt sei.
Daſs jedoch der präexistente Christus in der Litteratur z. B. bei
der Schöpfung eine groſse Rolle spielte, ist bekannt, und zwar
nicht bloſs bei Theologen und kirchlichen Schriftstellern, sondern
auch im Volksbewuſstsein, wie Hymnen am besten beweisen. Vgl.
*Ficker, die Bedeutung der Dichtungen für die altchristliche Bildnerei
in den Studien für Springer*, Nr. 2. Die Deutung unserer Figur
als präexistenter Christus ist daher ebensowenig „ungeheuerlich",
als wenn die christliche Gemeinde des vierten Jahrhunderts ihren
Erlöser feiert mit den Worten: *„Der Du im Anbeginn der Welt
den Menschen Adam hast gebildet"*. Hymnus Ambros. cf. *Daniel,
Thesaurus hymnol.* p. 84.

Mannes, welcher seine Rechte auf Adams Schulter legt, keinerlei Bedeutung haben. Damit fällt die Deutung auf Isaak eo ipso. Denn abgesehen von dem fragmentirten Namen würde wohl Niemand an den zweiten Erzvater gedacht haben, der ja doch höchstens in jugendlicher Gestalt irgendwelche typologische Bedeutung haben könnte. Am Einfachsten ist auch hier die Beziehung auf Gott-Vater, eine Erklärung, auf welche auch *Fernandez Guerra* nach einigen sonderbaren Deutungsversuchen zurückkommt[1]). Der Mann mit der Buchrolle auf Nr. 34 ist eine moderne Ergänzung und kann uns deshalb nicht weiter beschäftigen. Wenn der bärtige Hintergrundskopf auf Nr. 35 wirklich antik ist, so hat er hier wohl keine Bedeutung, denn auf diesem Sarkophage ist jede biblische Scene mit ähnlichen Hintergrundsköpfen versehen, so dafs eine mechanische, unwillkürliche Wiederholung eher erklärlich scheint, als dafs der Steinmetz bei der Ausmeifselung dieses Kopfes an eine bestimmte Person, etwa an Gott-Vater gedacht habe. — Die Gewohnheit, den Herrn bei seinen Wundern umgeben von einer Anzahl halb oder ganz im Hintergrund stehender Begleitfiguren darzustellen, mag dazu geführt haben, dafs er auch bei unserer Scene mehrfach von Figuren umgeben ist, die, wenn sie überhaupt irgendwelche Bedeutung haben, nur auf die himmlische Gefolgschaft des Herrn, also auf Engel bezogen werden können. So der flachreliefirte Kopf auf

---

[1]) Serait-ce Noé, second père du genre humain? (Bullet. Monument. 1867 p. 43.) Tal vez sera Isaac emblema de victima innocente? Sera el Divino Precursor Juan el Bautista? (monum. Zarag. p. 13.) Schliefslich benennt er die Figuren endgültig Padre. Hijo. Adam. Eva.

Nr. 31, so die beiden nur abbozzirten Köpfe auf Nr. 32, die drei Begleitfiguren auf Nr. 37 und die vier auf Nr. 36.

Die Frage was die altchristlichen Bildhauer mit dieser Scene ausdrücken wollten, wird unten im Zusammenhange mit der Untersuchung über die etwaige symbolische Bedeutung der Adam- und Evadarstellungen beantwortet werden. Jedenfalls ist die Gruppe keine Illustration eines Bibelverses, denn der Text sagt nirgends, daß Christus oder eine andere Person den Stammeltern Lamm und Aehren zugetheilt habe.

Durch die Zuweisung von Garbe und Lamm an Adam und Eva bekam das Bestreben der altchristlichen Bildhauer, mit geringen Mitteln möglichst viel auszudrücken, neuen Stoff. Man konnte jetzt auch, wenn man die Stammeltern zu beiden Seiten des Baumes darstellte, an die Zuweisung erinnern, indem man Aehren und Lamm der alten Composition beifügte. Diese Vermischung der beiden Hauptgruppen ist auf Monumenten Roms und verschiedener Provinzen nachzuweisen.

Nr. 41. Auf dem Deckel eines jetzt im Lateran befindlichen Sarkophags, der wahrscheinlich die Reste einer Blutzeugin barg, weshalb er wohl der ersten Zeit des vierten Jahrhunderts angehören dürfte (*Ficker* Nr. 154, *Garrucci* tav. 316, 4 — beide ungenau). Am Baum der Erkenntniß windet sich die Schlange empor und steckt ihren Kopf zwischen seinen beiden Aesten hindurch. Links vom Baume steht Adam, rechts Eva, beide sich im Halbprofil nach der Mitte wendend. Mit der Linken halten sie sich Feigenblätter vor ihre Blöße, während die Rechte vom Weibe zum Munde geführt, vom Manne im Redegestus erhoben wird. In ganz flachem

Relief ist zu Füfsen der Eva Kopf und Brust eines zu ihr aufblickenden Lammes dargestellt, und links neben Adam sind, fast verdeckt von dem modernen Gypsrand des Deckels, die Spuren eines Aehrenbündels sichtbar.

Nr. 42. Zweites Feld links unten auf dem Sarkophage des Junius Bassus in den vaticanischen Grotten[1]). Wie alle Scenen dieses Sarkophags ist auch die Adam- und Evadarstellung architektonisch eingerahmt. Unter einem von zwei Säulen getragenen Giebel steht in der Mitte der Baum. Die Form der Blätter und Früchte läfst ihn als Feigenbaum erkennen. Um den untern Theil des Stammes ist eine jetzt fragmentirte Schlange geringelt. Der links stehende Adam, welcher mit beiden Händen einen Blätterschurz über die Blöfse deckt, hat sich nach auswärts gedreht, so dafs er dem Baume den Rücken zuwendet. Sein bartloser, kurzhaariger Kopf ist leicht nach links geneigt. Eva auf der andern Seite des Baumes, in einer dem Manne ganz entsprechenden Körperhaltung, trägt eine Haartracht, wie wir sie auf den Fresken häufiger bemerkten, eine Ausnahme in der Plastik. Im Hintergrunde ist links neben Adam eine sich ihm zuneigende Garbe sichtbar, welche ihm bis zur Hüfte reicht, und rechts neben Eva ein sitzendes Schaf, welches den Kopf zu dem Weibe erhebt. Die Gestalten der Stammeltern sind aus dem Marmor völlig herausgearbeitet. Der Bildhauer, welcher sie um die Mitte des vierten Jahrhunderts meifselte, — Junius Bassus starb 359 — stand freilich nicht mehr auf der Höhe der vorconstantinischen

---

[1]) *Grousset* Nr. 184; *Garrucci* tav. 322, 2 u. a. Da die Grotten jetzt unzugänglich sind, richtet sich die Beschreibung der obigen Gruppe nach dem in der christl. archäol. Sammlung der Universität Berlin befindlichen Abgufs.

römischen Kunst. Den nackten menschlichen Körper hat er nicht mehr nach der Natur studirt, und seine anatomischen Kenntnisse waren nicht hervorragend. Dennoch gehört dieses Monument mit zu den Schöpfungen der altchristlichen Plastik, in denen das Nachleben der Antike am deutlichsten zu spüren ist. Wir vermissen wohl eine lebendige Modellirung der nackten Körper, aber in den conventionellen Formen derselben spiegelt sich die klassische Kunst, wenn auch unvollkommen, ab. Die Art, wie z. B. das Spielbein der Menschen seitwärts gesetzt ist, so dafs sich in Folge dessen die rechte resp. linke Hüfte leicht hebt, zeigt, aus welcher Schule die Bildhauer kommen. Anerkennung verdient auch ihr Bestreben, die Stimmung der Protoplasten, so weit es in ihren Kräften stand, zum Ausdruck zu bringen. In den Gesichtszügen war ihnen das nicht möglich, so versuchten sie es mit der Stellung und Haltung: und die einander abgewandten Gestalten mit den gesenkten Köpfen sehen in der That wie reuige Sünder aus. Schliefslich sticht auch die Art der Arbeit vortheilhaft von den Werken späterer Zeiten ab: so ist z B. die detaillirte Zeichnung des Schlangenleibes mit deutlichem Interesse an der Sache gearbeitet. Auch auf die Behandlung des Haares ist besondere Sorgfalt verwandt. Die Spuren des Bohrers sind überall nur gering.

Nr. 43. Linke Schmalseite eines im Lateran befindlichen Marmorsarkophags aus dem vierten Jahrhundert[1]). Links steht Eva in Frontstellung; nur ihr Kopf mit dem zum Theil auch auf die Brust fallenden Haar ist nach rechts profilirt. Mit der Linken deckt sie ein Blatt über ihre

---

[1]) *Ficker* Nr. 152; *Garrucci*, tav. 320. 1.

Blöfse, in der Rechten hält sie eine Frucht, welche sie ihrem Manne nach rechts hinüber reicht. Dieser streckt seine Rechte danach aus, während er sich mit dem Blatte in der Linken verhüllt. Zugleich sieht er sich um, als ob er fürchtete, es könne Jemand Zeuge seines Vergehens sein. Zwischen den beiden Menschen erhebt sich der Feigenbaum[1]). Die Schlange ringelt sich nach links an dem Stamme empor; ihr Kopf befindet sich mit der Frucht, welche das Weib hält, in gleicher Höhe. Am Fufse des Baumes liegt links das zu Eva aufblickende Schaf, rechts steht das Aehrenbündel. Die flachreliefirten Gestalten der Stammeltern zeigen eine übermäfsige Ausdehnung der unteren Extremitäten, denen gegenüber der Rumpf mit dem Kopfe fast bis zu einem Drittel zusammenschrumpft. Auffallend contrastirt die Bewegung der Oberkörper mit der steifen Ruhe der eng zusammengepressten Beine, durch welche die von der Senkrechten nach der Mitte abweichende Körperstellung der Protoplasten, besonders der Eva, bedingt wird. Das Detail der ursprünglichen Ausführung entzieht sich einer Beurtheilung, da das Relief vielfach „*modern überarbeitet*" ist.

Nr. 44. Aus den vatikanischen Krypten stammendes Fragment, welches jetzt verschollen ist[2]). Eva en face, den Kopf im Profil nach links, hält in der Linken das Blatt, mit welchem sie ihre Nacktheit verhüllt. Links zu ihren Füfsen sitzt das zu ihr aufblickende Schaf. Neben demselben steht der Baum mit der Schlange.

---

[1]) Die Blätter sind feigenblattähnlich und die Früchte nicht rund, sondern sich nach unten verjüngend, also als Feigen charakterisirt (gegen *Ficker* a. a. O. S. 98.)

[2]) *Garrucci*'s Abbildung tav. 402, 6 geht auf den deutlich idealisirenden Stich *Bosio*'s p. 95 zurück.

Nr. 45. Stark fragmentirte Gruppe auf dem unteren Bildstreifen eines Marmorsarkophags im Museum zu Arles[1]). Beide fast en face dargestellten Protoplasten (Eva links, Adam rechts) decken mit der Linken ein Blatt vor ihre Blöfse. Der rechte Arm des Weibes ruht unter ihrer Brust. Bei dem Manne ist er abgebrochen. Die Köpfe fehlen bei beiden. Zwischen den Menschen sind die Bruchstücke des Baumes sichtbar, nämlich die untere Hälfte des Stammes mit den Fragmenten der Schlange und ein Theil der Krone. Links neben Adam steht die Garbe, welche mit der Spitze seine Hüfte berührt. Das Lamm ist nicht dargestellt.

Eine Abwandlung dieses Schemas zeigt Nr. 46.

Rechte Schmalseite eines Marmorsarges in der Krypta von San Giovanni in Valle zu Verona (*Garrucci* tav. 333, 3). In der Mitte steht der Feigenbaum, der links und rechts zwischen den Blättern je eine runde Frucht trägt. Um den mit 2 Astpflöcken versehenen Stamm ringelt sich die Schlange in grofsen Windungen und nähert ihren mit bärtigem Ansatz unter dem Unterkiefer ausgestatteten Kopf der Eva. Die beiden Stammeltern stehen in Frontstellung und zwar Adam links, Eva rechts vom Baume. Ersterer deckt mit beiden Händen das Blatt über seine Blöfse, letztere nur mit der Linken, während sie die Rechte auf die Brust gelegt hat, was nach *Garrucci* Schmerz ausdrücken soll. An Stelle der üblichen Attribute, Garbe und Lamm, hat jeder der Protoplasten einen geflochtenen Korb neben sich, welcher mit runden Gegen-

---

[1]) *Le Blant, étude sur les sarc. chrét. de la ville d'Arles* pl. 6. *Garrucci* tav. 366, 3.

ständen, Aepfeln oder Broden, gefüllt ist[1]), eine unverstandene „Variante" der den Protoplasten sonst beigefügten Attribute, welche neben der rohen, den Bohrer allzureichlich verwendenden Ausführung des Reliefs auf eine vorgerückte Entstehungszeit schliefsen läfst.

Auf einzelnen Monumenten wird die Gruppe *Adam und Eva zu beiden Seiten des Baumes, Aehren und Lamm zu ihren Füfsen* noch durch die Zufügung einer dritten Person erweitert:

Nr. 47. Zweite Scene links auf einem Sarkophagdeckel im Lateran (*Ficker* Nr. 136, *Garrucci* tav. 383, 5). Unter den weitausladenden Aesten des Baumes ringelt sich rechts die Schlange, den Kopf zu dem Weibe erhebend, welches en face, den Kopf nach links profilirt, sich mit dem Blatte in der Linken deckt und die Rechte im Redegestus erhoben hat[1]). Links ragt die Garbe bis unter den Baumast. Neben ihr steht Adam, in der Linken das deckende Blatt, die Rechte dem Weibe entgegenstreckend, wohl ein anklagender Hinweis auf die, welche ihm von der verbotenen Frucht gegeben. Die bärtige Gestalt in Tunica, Pallium und Sandalen hinter ihm, welche mit der im Sinus ruhenden Rechten seine Schulter berührt, ist wie auf Nr. 27, 29, 40 Gott-Vater.

Nr. 48. Auf dem unteren Bildstreifen des Adelfia-Sarkophags zu Syrakus (vgl. Nr. 39). Rechts steht Eva en face, den Kopf im Halbprofil nach links, in der Linken

---

[1]) Ob mit Brod, wie *Garrucci* l. c. will, oder mit Aepfeln, wie *Springer, Genesisbilder in der Kunst des frühen Mittelalters* S. 14 vermuthet, läfst sich auch am Original nicht feststellen.

[2]) Auf der ungenauen Zeichnung *Garrucci's* ist ihr eine Frucht in die Hand gegeben.

das Feigenblatt, in der erhobenen Rechten die Frucht, links Adam, in halbem, den Kopf in ganzem Profil nach rechts, das Blatt ebenfalls in der Linken haltend, die Rechte im Redegestus seinem Weibe entgegenstreckend; zwischen beiden der Baum mit der Eva zugewandten Schlange. Am Fuſse desselben ist neben Adam ein kleines Aehrenbündel dargestellt. Das Lamm fehlt wie auf Nr. 45 und 47. Die bartlose Jünglingsgestalt in Tunica und Pallium hinter dem Adam, deren Rechte im Redegestus aus dem Sinus hervorsieht, und die in der nicht sichtbaren Linken eine Buchrolle trägt, könnte man hier wegen ihres kurzen Haupthaares als „Engel des Herrn" deuten; doch scheint eine Beziehung auf Christus der Analogien wegen richtiger zu sein.

Nr. 49. Erste Gruppe links auf einem Sarkophagdeckel im Museum zu Arles[1]). In der Mitte steht der Baum ohne Schlange. Die Protoplasten zu beiden Seiten haben den Kopf im Profil nach links gewandt, so daſs sich die links stehende Eva umschaut. Mit der Linken decken sie das Feigenblatt vor ihre Blöſse, die Rechte, mit welcher beide den Redegestus zu machen scheinen, ist bei Adam erhoben; Eva scheint auf den Baum zu deuten. Zwischen Eva und dem Baume ragt aus dem Boden Hals und Kopf eines zum Weibe aufblickenden Lammes. Die Garbe ist ausgelassen. Links neben dem Weibe steht in der üblichen Gewandung der jugendliche

---

[1]) *Le Blant*, étude pl. 20; *Garrucci*, tav. 366, 2; *Cahier, nouveaux mélanges d'Archéologie* IV p. 93. Letztere Zeichnung sehr ungenau; so wird z. B. das Schaf als Schlange abgebildet. Noch schlechter ist die Abbildung bei *Millin, Voyage* pl. 59, 10, wo aus dem Schaf eine aufrechtstehende Schlange, ähnlich der in der Priscilla-Katakombe, gemacht ist.

Christus, auf welchen die Menschen ihren Blick richten. Mit der Rechten berührt er Evas Schulter.

Nr. 50. Rechte Schmalwand des Sarkophags der 18 Märtyrer zu Saragossa (vgl. Nr. 40). Die Stammeltern halten mit der Linken das Feigenblatt vor ihre Blöfse. Mit der Rechten hat jeder von ihnen eine Frucht ergriffen, die sie im Begriff sind von dem zwischen ihnen befindlichen Baume, um welchen die Schlange, den Kopf nach rechts, geringelt ist, zu brechen. Zu Adams Füfsen ist das Aehrenbündel, neben Eva das liegende, zu ihr aufblickende Schaf zur Hälfte sichtbar. Der bartlose Jüngling hinter der Eva, welcher eine Buchrolle in der Rechten trägt, ist auch hier Christus.[1]

Aufser der Zufügung der Attribute sind diese unter Nr. 41—50 besprochenen Darstellungen den oben beschriebenen gegenüber weder formell noch materiell erweitert. Entweder stehen die Protoplasten in ruhiger Haltung und bedecken sich mit beiden Händen, oder sie erscheinen im Augenblicke der That. Dafs hier und da eine göttliche Person als stiller Zeuge ihres Thuns mit dargestellt ist oder wie auf Nr. 47 und 49 die Stammeltern zur Rechenschaft zieht[2]), ist ebenfalls keine Neuerung.

Die Bedeutung von Garbe und Lamm, die natürlich nicht zu blofsem decorativen Zwecke den Adam- und Evadarstellungen einverleibt werden, wird sich von selbst aus der Bedeutung der Zuweisungsscene ergeben, von

---

[1]) *Garrucci* bemerkt ausdrücklich, dafs die Person im Gegensatze zu seiner und des *Montañes* Zeichnung unbärtig sei. Damit fallen alle Deutungshypothesen, die man über diese Person aufgestellt hat, z. B. *Büttners* personificirte Prophetie.

[2]) *Le Blant* sieht auf Nr. 49 mit Unrecht eine Vertreibung aus dem Paradiese dargestellt.

welcher sie nur eine Abkürzung sind. Es genügt, hier vorläufig festzustellen, dafs sich das Aehrenbündel immer nur bei Adam, das Lamm nur bei Eva findet. Mit den Stammeltern vertauschen auch diese ihre Attribute den Platz links oder rechts vom Baume. Wenn die Garbe allein zur Darstellung kommt, so steht sie nur neben dem Manne (Nr. 45, 47, 48), wenn das Schaf allein der Composition eingefügt wird, so erhält es seine Stelle neben dem Weibe (Nr. 49). Daraus erhellt, dafs das Aehrenbündel eine besondere Beziehung nur zu Adam, das Lamm eine solche nur zu Eva haben kann.

Es wurde beobachtet, wie die Plastik zum Theil das von der Malerei geschaffene Schema beibehielt, wie sie sich aber andererseits bestrebte den engen Rahmen durch Zusätze zu erweitern, wie ferner aus einem dieser Zusätze eine neue Scene wurde, und wie schliefslich ein mixtum compositum von Elementen aller Gruppen zur Darstellung kam. Es versteht sich von selbst, dafs diese Phasen nicht einzeln in bestimmten Zeiträumen nach einander auftreten. Auf den uns überlieferten Monumenten kommen die Scenen der Zeit nach, soweit sich diese feststellen läfst, in bunter Mischung vor; so ist z. B. gerade die späteste Darstellung (Nr. 20a) der erstgenannten und die früheste (Nr. 50) der letztgenannten Gruppe zuzuweisen. Dennoch war die einfachste Scene auch die ursprünglichste, wie schon durch die Priorität der Katakombenfresken bewiesen wird. Von dieser Gruppe läfst sich, wie wir sahen, bis zur Zuweisung, dem zweiten Hauptschema, unschwer eine Brücke schlagen. Und dafs die Verbindung und Vermischung der beiden Schemata ein jedes von ihnen einzeln voraussetzt, ist a priori klar.

Die Erweiterungen der alten Composition sind nicht etwa das Eigenthum einer bestimmten Schule oder eines Ortes. Wohl sind die beiden Monumente auf welchen Gott-Vater als bärtiger Mann zu den Stammeltern tritt (Nr. 27 und 29), aus einer Handwerksstätte hervorgegangen; doch auch auf dem Sarkophage von Saragossa ist dieselbe bärtige Person dargestellt. Auf spanischen und gallischen Sarkophagen kommt Zuweisung und Erinnerung an dieselbe durch Lamm und Aehren in der gleichen Form vor, wie sie auf römischen Steinsärgen nachzuweisen ist. Alles das ist nur ein Beweis für den Einfluss Roms auf die Provinzen. Denn dass die Erweiterungen zuerst in dem Vororte der abendländisch-christlichen Kunst gemacht wurden, ist nicht zu bezweifeln. Gerade die Darstellungen Adams und Evas in der Plastik sind der deutlichste Beweis für die tonangebende Herrschaft Roms auch im Gebiete der Kunst. Provinzialismen und lokale Nüancirungen, wie sie bei anderen biblischen Scenen öfter bemerkt sind, kommen hier nicht vor. Die singuläre Darstellung auf dem Veroneser Sarkophage ist als solche kaum zu rechnen.

Die letzte Erweiterung der Adam- und Evadarstellung durch die Plastik bildet die Conception einer ganz neuen Scene, welche mit den bisher behandelten Gruppen in keinerlei formalem Zusammenhange steht: die Erschaffung des Menschen[1]).

---

[1]) Aufser den Artikeln *Adam und Eva* bei *Martigny* und in *Kraus' Realencyclopädie* vergl. *Schultze, Studien* S. 148 ff. *Springer, Genesisbilder des frühen Mittelalters, Ficker, Bedeutung der Dichtungen (Studien für Springer), Ficker, Darstellungen der Erschaffung des Menschen (Bildwerke des Lateran S. 43), Kekulé, Darstellung der Erschaffung der Eva (Jahrbuch des Archäol. Instituts* 1890 S. 186 ff.).

Unter den wenigen aber interessanten Darstellungen der Schöpfung ist die auf dem schon genannten Sarkophag aus S. Paolo f. l. m. die bekannteste.

Eine Dreizahl bärtiger Männer ist bei dem Akte zugegen oder betheiligt, welcher die ersten Menschen ins Leben ruft: Diese sind kaum in halber Gröfse der übrigen Figuren gebildet. Adam liegt starr ausgestreckt am Boden; Eva steht in der gleichen Starrheit aufrecht. Einer der Männer legt ihr die Hand aufs Haupt und wendet sich dabei nach links zu dem Manne, welcher, ein *subsellium* unter den Füfsen, auf einer mit *stragulum* bedeckten Kathedra sitzend, die Rechte im Redegestus erhoben hat. Eine dritte gleichfalls bärtige Figur steht hinter dem Stuhle und legt die Hände auf die Lehne desselben. Die früher allgemein gültige Annahme, dafs in den drei Personen die Trinität dargestellt sei, ist neuerdings lebhaft bestritten. *Schultze* sieht nur in der sitzenden Figur Gott, in den beiden anderen aber Engel. *Hasenclever* sucht diese beiden als bedeutungslose Füllfiguren zu erweisen. *Springer* und *Ficker* wollen diesen Begriff nur auf die Person hinter der Kathedra angewandt wissen und glauben in der sitzenden und vor ihr stehenden Figur beidemale Gott-Vater zu erkennen, so dafs sie eine Theilung der Scene annehmen: Gott-Vater versenkt den Adam in Schlaf[1], und Gott-Vater belebt die eben erschaffene Eva.

---

[1] *Springer*, Genesisbilder S. 16 sieht in der einem Todten ähnlichen Lage Adams einen völlig leblosen Zustand desselben ausgedrückt und denkt deshalb daran, dafs auch Adam nach seiner Erschaffung hier erst belebt werden soll. *Büttner* a. a. O. S. 12 hat dies derart mifsverstanden, dafs er *Springer* unterschiebt, er wolle hier einen beliebigen Todten finden: „*Auch kann ich mich nicht entschliefsen in der auf der Erde liegenden Figur*

Doch ein bei der Schöpfung thätiger Engel ist unerhört, noch mehr eine Füllfigur, welche in die Handlung eingreift, und „*beidemale denselben Schöpfer*" zu sehen, ist bei der engen Verbindung der Gestalten und bei der durch die Kopfdrehung des stehenden Mannes angedeuteten Wechselwirkung der Personen, wodurch auf die Einheit des Moments hin gewiesen wird, kaum denkbar. Ehe nicht eine befriedigendere Lösung der Schwierigkeiten gefunden ist, sei es gestattet bei der alten Deutung als der am wenigsten bedenklichen zu bleiben[1]).

Der Vorgang der Scene ist klar. Adam ist in Schlaf versunken, und auf das schaffende Wort Gottes hin steht das Weib schon vollendet neben ihm. Jetzt wird der Eva die Hand aufgelegt und ihr so das Leben verliehen. Bemerkenswerth ist, dafs die erste Person der Trinität schaffend, die zweite nur vermittelnd erscheint.

Eine bei weitem einfachere Darstellung der Schöpfung des Weibes findet sich auf dem gleichfalls schon genannten Fragment von Velletri im Museo nazionale zu Neapel (*Garrucci* tav. 396,2). Eine jugendlich-bartlose Gestalt mit verstofsenem Gesicht sitzt im Profil nach rechts. Neben ihr steht die nackte Figur der Eva en face; das

---

nicht Adam, sondern einen Todten zu erkennen. Was soll der hier?" (!)

[1]) Unter den Gründen, die man gegen diese Deutung angeführt hat, ist der triftigste, jedoch durch die Annahme eines Copistenfehlers leicht zu entkräftende, der, dafs die Figur hinter dem Stuhle mit kahlem Vorderschädel, also nicht ganz übereinstimmend mit den beiden andern, gebildet ist. Dafs man dagegen in der Darstellung des Sohnes von dem üblichen Christustypus abgewichen, ist durch die Rücksichtnahme auf die Aehnlichkeit mit der ersten Person der Trinität genügend erklärt. Dogmatische Bedenken gegen die Deutung anzuführen, ist vollends unstatthaft.

linke Bein und der linke Arm sind heutzutage abgebrochen.
Ihre starre Haltung zeigt an, daſs noch kein Leben in
ihr ist; doch Christus — denn dieser ist der Schöpfer[1]) —
legt seine Rechte als Zeichen der Beseelung auf ihr Gesicht.
Die Aehnlichkeit des Geschöpfes mit der Eva in der daneben abgebildeten Sündenfallsscene ist unverkennbar.
Das Blatt auf der Blöſse des eben erschaffenen Weibes
ist eine unbegründete Zuthat auf *Garrucci's* Abbildung.

Auf einem zu Campli bei Teramo gefundenen Sarkophage (*Garrucci* tav. 399,7) sehen wir eine dritte Relation
der Schöpfung der Eva. Auf einem Postamente steht
eine kleine nackte, dem Anschein nach weibliche Figur
im Profil nach links. Ihr linker Arm fehlt. Vor ihr sitzt
auf einer Kathedra die bärtige Gestalt Gott-Vaters mit
langem Haupthaar, welcher mit der Rechten die Brust
der kleinen Figur berührt. Gott ist nicht formend dargestellt, denn die Menschengestalt ist schon vollendet.
Nur das Leben fehlt ihr noch, und dieses wird ihr jetzt
durch das Auflegen der Rechten auf die Brust eingeflöſst.
Rechts von dem Postament steht ein bartloser Jüngling
mit gelocktem Haar, welcher mit der aus dem Sinus
hervorstehenden Rechten das Geschöpf zu stützen scheint:
Christus.

Aus den gleichen Elementen setzt sich eine Gruppe
auf einem stark fragmentirten Sarkophage zu Loudon in
Süd-Frankreich zusammen, welcher nach *Le Blant* aus
dem VI. Jahrhundert stammt[2]). Bei dem im Halbprofil
nach rechts auf niedrigem Postamente stehenden kleinen
Menschenbilde, welchem heute der rechte Arm fehlt, ist

---

[1]) Vergl. das im Anschluſs an Nr. 40 oben Ausgeführte.
[2]) *Le Blant, les sarcophages de la Gaule* pl. XXIII.

das Geschlecht nicht deutlich erkennbar, zumal auch der Kopf bis zur Unkenntlichkeit verstofsen ist. Doch scheint fast auch hier Eva dargestellt zu sein. Ein Mann — der Kopf fehlt — steht vor ihr und hatte die Rechte auf das Haupt des Geschöpfes gelegt, um es zu beleben. Im Hintergrunde befindet sich der Torso einer die Rechte im Redegestus erhebenden Figur, von welcher man ebenfalls nicht mehr erkennen kann, ob sie bärtig oder unbärtig dargestellt war. Ob hier als Schöpfer Gott-Vater oder Christus gedacht war, kann deshalb nicht entschieden werden. Auf diese vier Reliefs bleibt in der altchristlichen Plastik die Darstellung der Schöpfung der Eva resp. des Adam beschränkt. Man hat auch noch andere Scenen darauf beziehen wollen, jedoch mit Unrecht [1]).

Mehrfach hat man auf den formellen Zusammenhang unserer Gruppe mit einer bisweilen in der Antike vor-

---

[1]) Oft hat man in der „Ezechiel-Vision" der altchristlichen Plastik die Darstellung der Schöpfung des Weibes erkennen wollen, (so zuletzt noch *Tikkanen, die Genesis-Mosaiken von Venedig und die Cottonbibel* S. 29). Doch schon *V. Schultze* (*Studien* S. 102) hat die Zählung *Burgon's*, nach welcher die Schöpfung der Eva auf Lateranensischen Sarkophagen elfmal vorkommen soll, (eine Angabe, die sich noch in der zweiten Auflage von *Kraus' Roma sotterranea* findet), auf eine Verwechselung mit der Ezechielvision zurückgeführt. Eine dieser Scenen auf dem Sarkophag mit Juno pronuba, ehemals in Villa Ludovisi, jetzt im Lateran, ist auch noch von *Grousset* l. c. p. 79 auf die Schöpfung der Eva gedeutet. Doch sind beide Figuren männlich, — schon *Schultze* hat darauf aufmerksam gemacht — und so kann kein Zweifel obwalten, dafs auch hier die Ezechielvision dargestellt sei. Die noch von *Springer* und *Ficker* auf die Schöpfung des Adam bezogene Scene auf dem Sarkophage von Le Mas d'Aire scheint eher mit *Martigny, Le Blant* u. a. auf eine Taufdarstellung zu beziehen zu sein.

kommenden Scene, Prometheus mit dem Formen der Menschen beschäftigt¹), hingewiesen. Zweifellos gehen die Figur auf der Plinthe und der sitzende Schöpfer der christlichen Darstellungen auf antike Vorbilder zurück. Auch das Handauflegen als Zeichen der Belebung mag durch die Athena, welche dem Geschöpf des Prometheus die Psyche in Gestalt eines Schmetterlings aufs Haupt setzt, beeinflufst oder der liegende Adam dem Todten auf dem Prometheussarkophage nachgebildet sein ²). Ueber eine rein äufserliche Herübernahme einzelner formaler Motive geht aber diese Entlehnung nicht hinaus. Der Inhalt der Darstellung ist ein völlig anderer. Während Prometheus entweder beim Modelliren beschäftigt ist oder die letzte Hand anlegt und prüfend sein Geschöpf betrachtet, ob vielleicht noch etwas an ihm auszubessern sei, so ist auf den christlichen Sarkophagen nicht der Akt der **Schöpfung**, sondern der **Beseelung** dargestellt. Das materielle Werk des Schöpfers ist überall vorausgesetzt; die göttliche Hand berührt nur noch das Geschöpf, um ihm das Leben einströmen zu lassen. Wenn *Kekulé* a. a. O. sagt, dafs in der altchristlichen Plastik *„heidnische Motive aus der Menschenschöpfung durch Prometheus für den neuen Glaubensinhalt etwas ungefüge verwendet wurden,"* so ist das freilich richtig. Doch mufs es eine Grenzbestimmung bleiben. Von einer Uebersetzung der Antike ins Christliche kann schlechterdings nicht die Rede sein. Ob sich mit der besprochenen Scene, der

---

¹) Auf Sarkophagen fünfmal. Vergl. den schon genannten Aufsatz *Jahn's* in den *Annali dell' instituto* 1847 p. 308, Anm. 2.

²) Dies ist besonders von *Ficker* vertheidigt.

Belebung des Menschen, ein symbolischer Sinn verbindet, wird unten erörtert werden.

Zum Schlufs der Uebersicht über die Monumente mit Adam und Eva in der altchristlichen Sarkophagplastik sei noch kurz auf eine Scene verwiesen, bei welcher unsern Stammeltern eine mehr als zweifelhafte Rolle zugedacht ist. Bei den Darstellungen Kains und Abels, welche mit ihren Gaben Gott nahen, ist einmal neben den beiden Opfernden ein bärtiger Hintergrundskopf sichtbar (*Garrucci* tav. 402, 3), welcher schon von *Bottari* (III p. 137) auf Adam bezogen wurde. Ein andermal sehen wir zu beiden Seiten der sitzenden Gestalt Gott-Vaters, der die Gaben in Empfang nimmt, je einen unbärtigen Kopf in ganz flachem Relief sculpirt, (*Garrucci* tav. 372, 3) den man auf die Stammeltern bezogen hat[1]). Adam und Eva neben Gott-Vater als Zeugen des Opfers ihrer Söhne! Diese Deutung ist aber schon deshalb unmöglich, weil beide Köpfe durch ihr kurzes Haar als männlichen Personen angehörend charakterisirt sind. Sind es nicht blofse „Füllfiguren", so können sie nur als Engel verstanden werden. Auch auf dem erstgenannten Relief ist der bärtige Adam neben seinen opfernden Söhnen vollständig überflüssig und gegen den biblischen Bericht grob verstofsend, abgesehen davon, dafs das Abweichen von dem allgemein gültigen Typus diese Auskunft der Verlegenheit von vorn herein unwahrscheinlich macht. Doch auch hier hält man noch heute an der alten Deutung fest, weil sie die einzig mögliche Benennung in sich schliefst, wenn der Kopf

---

[1]) So selbst *Heuser* in dem Artikel „*Abel und Kain*" in *Kraus' Realencyclopädie* I S. 2.

unter allen Umständen einer bestimmbaren Person angehören soll. Aber mufs das sein? Hier, scheint uns, ist die Annahme einer bedeutungslosen Ausfüllung des Hintergrundes nicht abzuweisen.

Bei diesen Scenen des Opfers Abels und Kains ist schliefslich noch eine der handelnden Personen Adam benannt, eine Deutung, welche keiner Widerlegung bedarf; der französische Gelehrte *Guenebault* scheut sich, in der sitzenden Figur eine Darstellung Gott-Vaters anzuerkennen und sieht hier deshalb: „*Adam représenté assis, recevant les offrandes de ses enfants*"[1]).

c. Adam und Eva auf Produkten der Kunstindustrie.

In die Blüthezeit der christlichen Sarkophagplastik (4. und 5. Jahrhundert) sind auch einige Erzeugnisse der Kleinkunst zu setzen, welche mit Bildern der Stammeltern geschmückt sind.

1. *Lampen.*

Auf dem Fragment einer Terracotta-Lampe im Museo Kircheriano findet sich die Darstellung einer nackten Frauengestalt e. f.[2]). Ihr Haar ist in einer kunstreichen Frisur angeordnet. Mit der Linken deckt sie ein ausgezacktes Blatt über ihre Blöfse und in der nach links ausgestreckten Rechten hält sie eine

---

[1]) *Dictionnaire iconographique des monuments chrétiens*, Paris 1843 I p. 38.

[2]) *D'Agincourt. Recueils des fragmens de sculpture antique en terre cuite.* Paris 1814 pl. XXIV. 2; Text p. 69. *Münter* a. a. O. Tafel VIII. 30. *Garrucci* tav. 475, 1.

Frucht¹). Durch beides, Blatt und Frucht, ist die Deutung auf Eva gesichert; die Bedenken, welche *Schultze* gegen diese Benennung zu hegen scheint, sind unbegründet²). *D'Agincourt* setzte die Lampe wegen ihres „guten Stils" in die „ersten Zeiten des Christenthums". Doch spricht die mehr ovale Form des Discus, welche erst später üblich wurde, dagegen. Vor das vierte Jahrhundert wird sie auf keinen Fall zu setzen sein.

Ein gleiches Exemplar dieser Lampe befindet sich nach *Garrucci* VI p. 111 im Cabinet des Médailles zu Paris. Weitere Beispiele sind nicht bekannt³).

2. Gemmen.

In seinem Artikel über geschnittene Steine (*R. E.* II, S. 790) führt *Kraus* unter den unedirten Steinen des

---

¹) *Garrucci* bildet die Frucht in der Hand der Eva nicht ab; doch bei genauer Untersuchung des Originals mittelst Lupe ergab sich das Vorhandensein derselben.

²) *Die altchristlichen Bildwerke des Museo Kircheriano* Nr. 85: „... Eva? Oder heidnische Darstellung, vergl. Nr. 92". Auf Nr. 92 ist ohne Zweifel Venus dargestellt, die sich ja bekanntlich öfter auf Lampen abgebildet findet, welche aus christlicher Epoche und aus christlichen Coemeterien stammen.

³) Die irreführenden Worte *Heuser's* a. a. O. S. 17: „*Auf einer Lampe der ersten christlichen Zeit (d'Agincourt, terres cuites* pl. 24, 2) *greift Eva nach einem Schleier, als sie den der Unschuld durch die Annahme der verbotenen Frucht verliert*" beruhen auf einer falschen Uebersetzung der Worte *Martigny's*: „*Sur une lampe ... la mère du genre humain est représentée cherchant un voile au moment, où elle vient de perdre celui de l'innocence en acceptant la pomme*" eine Beschreibung der Lampe, welche *Martigny* fast wörtlich von *D'Agincourt* abgeschrieben hat (l. c. p. 69: *Sur le Nr. II est représentée la mère du genre humain, cherchant un voile au moment où, après avoir reçu la pomme elle avait perdu celui, de l'innocence*).

British Museum eine Gemme mit „Adam und Eva im Paradiese" an. Eine zweite Darstellung der Stammeltern findet sich in erhabener Arbeit auf einer grünen Glaspaste, welche aus Syrien stammt und jetzt zu der reichen Sammlung des Pariser Cabinet des médailles gehört[1]). Zu beiden Seiten des Baumes mit der Schlange stehen im Halbprofil nach der Mitte die nackten Gestalten der ersten Menschen, welche mit der dem Baume zunächst befindlichen Hand an die Krone greifen und die andere frei am Körper herabhängen lassen, eine Composition, welche sich von der im Abendlande üblichen kaum unterscheidet.

Bei der zuerst von *Costadoni* publicirten, von *Mamachi* ausführlich besprochenen Gemme, auf welcher noch *Martigny* und *Heuser* eine besonders interessante und an symbolischen Beziehungen aufserordentlich reiche Scene mit Adam und Eva erkennen wollen, handelt es sich gar nicht um eine Darstellung unserer Stammeltern, sondern — um die Jonasgeschichte. Die Beziehung auf Adam und Eva ist nur durch die ungenaue Publication veranlafst, welche einige Mängel des Schnittes übertrieben wiedergiebt [2]).

---

[1]) *Catalogue générale 3474* (nach *Kraus* a. a. O. S. 789). *Garrucci* tav. 479, 21.

[2]) Der Stein kam mit der Sammlung *Hamilton* ins British Museum. Abbildungen bei *Mamachi, Origines et antiquitates Christianae* tom. III tab. II. *Perret* IV pl. 16, 5. *Garrucci* tav. 477, 12. Das Oval dieser Gemme ist durch einen Querstrich getheilt. Die obere Hälfte zeigt den guten Hirten zwischen zwei Schafen und rechts den ruhenden Jonas. Auf der unteren befindet sich zwischen Anker und Fisch die Scene, welche auf Adam und Eva bezogen wurde: Aus einem Schiffchen lehnt sich der Ober-

3. *Erzeugnisse der Glasindustrie.*

Ein noch unedirtes Becherfragment in der Vaticanischen Bibliothek trägt innerhalb eines Kreises von ungefähr 3 cm. Durchmesser eine dem Glase eingeschliffene Darstellung der Protoplasten. Die Menschen stehen zu beiden Seiten des Baumes, um den sich die Schlange, den Kopf nach links, der Eva zu, ringelt. Sie sind nackt und verhüllen ihre Blöfse mit beiden Händen.

Ferner kommen zwei in gleicher Weise mit bildlichem Schmucke versehene Glasschalen in Betracht. Eine von ihnen wurde neben anderem Hausrath in dem Grabe einer Frau, welches zu dem bei Abbeville (Aisne) ent-

---

körper eines Menschen. Links von ihm befindet sich eine unförmliche, schlecht erkennbare Masse. Rechts unter dem Steuer ist ein Meerungeheuer dargestellt, aus dessen Munde ein runder Gegenstand hervorragt. Das Ganze ist die Jonasgeschichte in der abgekürzten Form der Darstellung, wie sie auch auf der im christl. Museum der Universität Berlin befindlichen Bleischale vorkommt: Jonas stürzt sich selbst ins Meer und wird von dem Rachen des Ungeheuers — denn nichts anderes kann die schwer erkennbare Figur vor dem Schiffchen bedeuten — aufgefangen. Rechts ist dasselbe Monstrum in Begriff, den Jonas auszuspeien. Der Kopf des Propheten ist vorn sichtbar. Das Schifflein mit dem über Bord lehnenden Jonas wurde nun für eine Art Tritonengestalt gehalten, das Monstrum vor ihm für das knieende erste Menschenpaar und das Ungeheuer unter ihm für die Schlange „*mit dem todtbringenden Apfel im Maule*". Und in der so aufgefafsten Darstellung sah man die Gottheit, die sich zu den gefallenen Menschen gnädig herabneige. Der Fall sei durch die Schlange mit dem Apfel angedeutet. Selbst noch *Schultze* (*Studien* S. 155) erkennt in der ungeschickten Darstellung des Monstrum das knieende erste Menschenpaar. Auch glaubt er sich durch „*genaue Prüfung des Originals*" überzeugt zu haben, dafs die Gestalt Gottes wirklich in einen Fischleib auslaufe, weshalb er den Stein zu den Abraxasgemmen rechnet.

deckten Coemeterium sub Dio gehört, gefunden [1]). Die Mitte wird durch ein Monogramm Christi constantinischer Form ausgefüllt und der Rand durch Arkaden tragende Säulen gegliedert, zwischen denen biblische Scenen ihren Platz gefunden haben. Die Darstellung Adams und Evas vertheilt sich auf drei von diesen Bögen. Der mittlere zeigt einen phantastischen Baum mit Blättern und Früchten. Die Schlange windet sich zwischen den Aesten hindurch nach links. Unter dem nächsten Bogen links steht Eva, mit einem Blatte in der Linken ihre Nacktheit verhüllend, die Rechte der Schlange entgegenstreckend. „*Son abondante chevelure étagée est celle des matrones romaines de l'époque.*" Adam, unter dem Bogen rechts, macht mit der Rechten die Gebärde des Staunens, mit der Linken deckt er sich. Er sieht mit einer Art ängstlicher Neugierde dem Resultat der Verhandlung seines Weibes mit der Schlange zu.

Münzfunde, die in den benachbarten Gräbern gemacht wurden, berechtigen dazu, das Grab, welches die Schale barg, und somit auch diese selbst, spätestens dem letzten Drittel des vierten Jahrhunderts zuzuschreiben.

Die zweite hierher gehörige Schale wurde bei der Beerdigung eines Gefallenen zu Podgoritza, dem alten Doclea, gefunden [2]). In der Mitte des Glases ist eine Opferung Isaaks dargestellt. Der Rand trägt sieben andere Scenen aus dem Schatze des altchristlichen

---

[1]) Publ. v. *J. Pilloy, Gazette archéol.* 1884 p. 224 ff., pl. 32/33.
[2]) Seit 1877 in der Sammlung *Basilewsky*. Abbildungen: *Le Blant, étude* pl. 25. *Garrucci, Storia* tav. 463, 3. *Kraus, R. E. I* S. 614. *Bulletino* 1874 tav. 11, 1877 tav. 5/6.

Bilderkreises mit erläuternden Inschriften. Rechts neben der Mittelgruppe befindet sich der Baum, um dessen Stamm sich die Schlange ringelt. Seine Krone besteht aus drei Aesten, von denen jeder ein sternförmiges Blatt trägt. Eva (rechts) in einer Frisur, wie sie auf den Fresken beobachtet wurde, deckt sich mit der Linken und hat die Rechte nach dem Baume ausgestrekt. Links ist Adam dargestellt, in der Rechten das deckende Blatt, die erhobene Linke in der Nähe des Schlangenmaules. Sein Kopf ist von den Worten ABRAM ET FIEVAM umgeben[1]). *De Rossi* setzt dieses Monument in die Zeiten des Optatus von Mileve (um 370). Jedoch scheint wegen der groben Fehler der Zeichnung, — besonders ungeschickt ist die Vermischung der Front- und Profilstellung bei Adam — welche von dem in gleicher Technik behandelten Glase von Abbeville unvortheilhaft absticht, die Datirung weit in das fünfte Jahrhundert hinabgerückt werden zu müssen.

Einem anderen Zweige der Glasindustrie gehört das zu Neufs gefundene Kästchen an, welches technisch die letzte Stufe der auch in den Rheinlanden blühenden Fabrikation der *fondi d'oro* repräsentirt, aber zeitlich mit den eben besprochenen Produkten des Kunsthandwerks zusammenfällt[2]). Auf einer der beiden Schmal-

---

[1]) *Garrucci* meint, es sei zuerst ABRAM ET FIlium beabsichtigt gewesen, welche Legende dann von dem Handwerker nicht auf das Mittelfeld, sondern auf Adam und Eva bezogen und entsprechend verändert wurde.

[2]) Jetzt ist das Kästchen verschollen. Bekannt ist es nur durch eine Zeichnung *Küpper's*, welche *Aus'm Weerth* in den *Jahrb. des Ver. der Alterthumsfr. der Rheinlande*, Heft LXIII Tafel IV S. 99 ff. veröffentlichte. Aus dem Fundbericht des *Dr. Jäger*,

wände steht Eva im Profil nach links. Mit der Linken bedeckt sie ihre Blöfse, die Rechte hat sie im Redegestus erhoben[1]). Vor ihr erhebt sich ein Strauch bis zu ihren Hüften und links daneben der Baum mit der Schlange, welche dem Weibe zugewandt ist. Zwischen der Baumkrone und dem Kopfe der Frau steht der Name EVA. Von Adam, welcher links vom Baume seinen Platz hatte, war zur Zeit der Auffindung (1847) keine Spur mehr vorhanden.

4. Metallplastik.

Ein im Coemeterium des Pontianus gefundenes, jetzt in der vatikanischen Bibliothek befindliches Broncemedaillon trägt die Gestalt des guten Hirten, umsäumt von einem Kranze biblischer Scenen[2]). Gerade zu Häupten des Hirten steht der zweiästige Baum mit der Schlange nach links, flankirt von den beiden nackten Gestalten der ersten Menschen. Die Figur links scheint Eva, die rechts Adam zu bedeuten; doch ist wegen der geringen Dimension der Darstellung das Geschlecht der beiden nicht genau zu unterscheiden. Beide langen nach dem Baume mit der diesem zunächst befindlichen Hand. Die andere halten sie vor ihre Blöfse. Eine genauere Zeit-

---

welcher a. a. O. abgedruckt ist, geht hervor, dafs das Monument in die letzte römische oder in die erste fränkische Zeit gehört, also um die Mitte des fünften Jahrhunderts anzusetzen ist.

[1]) *Aus'm Weerth* a. a. O. legt die Gebärde der Eva unrichtig dahin aus, dafs sie dem Adam deutlich machen wolle, sie habe bereits von der verbotenen Frucht genossen. Vielmehr redet sie mit der Schlange.

[2]) Von *Heuser* a. a. O. fälschlich als Goldglas citirt. Abbildungen bei *Buonarruoti*, *Osservazioni* 1. *Perret* IV. pl. 10, 7. *Garrucci* tav. 435. 6 u. a.

bestimmung der Anfertigung dürfte wegen des geringen Vorrats ähnlicher Produkte kaum möglich sein, und so mufs es bei einer allgemeinen Ansetzung in das 4. Jahrhundert bleiben.

Ebenfalls dem vierten Jahrhundert gehört das Silberplättchen an, welches in der Paulinus-Gruft zu Trier gefunden wurde und wahrscheinlich als Zierrath an dem Holzsarge des Heiligen angebracht war[1]). Die Platte (0,088 m. lang und 0,068 m. hoch) ist durch Perlstäbe in drei Felder zerlegt, welche mit figürlichem Schmuck in getriebener Arbeit verziert sind. Auf dem gröfsten Felde steht in der Mitte der Baum, dessen botanische Qualität nicht zu erkennen ist. Wenige Blätter bilden seine Krone, Früchte fehlen. An dem glatten Stamm ringelt sich die Schlange empor. Ihr Leib ist mit Schuppen bedeckt, die besonders unten sorgfältig angegeben sind. Den Kopf wendet sie nach links, wo die typische Gestalt des Adam im Halbprofil nach rechts sich mit der Linken verhüllt und die Rechte nach der Krone des Baumes ausstreckt. Eva, deren Haar kranzartig den Kopf umgibt, steht in der entsprechenden Stellung auf der anderen Seite des Baumes

---

[1]) Vergl. *Schneider, die Krypta von St. Paulin*; *Kraus, altchristl. Inschriften des Rheinlands*, Freiburg 1890 I S. 98, woselbst ausführliche Angabe der Litteratur. Desgleichen *Le Blant, Recueil des inscriptions chrétiennes de la Gaule*, Paris 1892 p. 48. Ein Abgufs befindet sich in der christlich-archäologischen Sammlung der Berliner Universität. Der späteste Termin für die Anfertigung ist die Zeit der Translation des Bischofs Paulinus nach Trier im Jahre 395. Da das Blech aber schon vorher zu andern Zwecken gedient haben mufs, so wird seine Anfertigung noch um einige Jahre hinaufgerückt werden können: „*Das Blättchen kann um 50 Jahre älter sein.*" (Kraus, *Repert. f. K. W.* 1885 S. 351.)

und macht die gleiche Bewegung. Die Scene ist eingefaſst von der Inschrift MARTINIANI MANUS VI..AT[2]) Zwei Schlüsselloch-ähnliche Oeffnungen, die in das Blech später eingetrieben sind, und von denen die eine das linke Bein Adams verletzte, beweisen, daſs die Platte nicht ihrem ursprünglichen Zwecke entsprechend verwendet wurde. Wozu sie gedient hat, bleibt zweifelhaft Vielleicht als *strena* wie *Kraus* annimmt, wozu die Worte passen würden, welche nach *de Rossi* (*Bullet.* 1883, p. 31) ein „*roto ed augurio d'un duce militare*" bilden.

5. Elfenbeinplastik.

Das einzige Werk, welches hier in Betracht kommen kann, ist das „Paulusdiptychon" in der Sammlung Carrand, ehemals zu Lyon, jetzt im Bargello zu Florenz, auf dessen einer Hälfte Adam unter den Thieren des Paradieses dargestellt ist[2]). Rechts oben sitzt der erste Mensch e. f. auf einem Felsen. Er ist völlig unbekleidet. Sein bartloser Kopf trägt kurze schematische Löckchen. Mit der Linken biegt er einen reich mit Früchten be-

---

[1]) Zu lesen mit *De Rossi* (*Bullet.* 1883 p. 31) und *Kraus* (*Inschriften*) vincat nicht vivat, wie *Kraus* im *Repertorium* ergänzen wollte.

[2]) Abbildungen bei *Grivaud de la Vincelle*, *Recueil de monumens antiques la plupart inédits et découverts dans l'ancienne Gaule Paris* 1817 pl. XXVIII. Text Band II p. 231 ff. — *Garrucci* tav. 451. 3. — *Marriott*, *Testimony of the Catacombes* p. 69 — vgl. auch *Westwood*, *descriptive Catalogue of fictile ivories* p. 48 und *Kraus, R. E.* I p. 409. — *Portheim*, *über den dekorativen Stil in der Malerei* p. 24 zählt unser Diptychon zweimal auf: *Die Elfenbeintafel bei Mr. Carrand in Lyon* (*Garrucci VI* 451. 3) und die *bei Mainz gefundene jetzt verschollene* (*Grivand de la Vincelle* etc.") — ein Irrthum, den der Verfasser hätte vermeiden können, wenn er die Mühe nicht gescheut hätte, sein Citat auch nachzuschlagen.

ladenen Zweig zu sich herab. Mit der am Körper herabhängenden Rechten macht er den Redegestus[1]. Das linke Knie hat er emporgezogen, während sein rechtes Bein ausgestreckt ist. Auf einem Zweige links neben ihm wiegt sich ein Adler mit ausgebreiteten Schwingen. Ein kleiner Vogel sitzt unterhalb desselben. Zwischen andern Zweigen und Pflanzen aller Art folgt nach unten eine bunte Menge verschiedener Thiere: ein spielender Panther, eine Löwin, Löwe und Bär, die sich anknurren, Eber, Elephant, Pferd, Ziege, Schaf, Hirsch, Reh, und am Ufer der vier Paradiesströme, die neben einander, nur von schmalen Streifen getrennt, am unteren Rande des Diptychons dargestellt sind, ein Ochs, der sich dem Wasser naht, um seinen Durst zu löschen. Auch die Schlange fehlt nicht. Selbst ein Eidechschen und eine Grille haben ihren Platz zwischen den genannten Thieren gefunden. Die Scene hat verschiedene Deutungen erfahren[2]; aber nur eine ist möglich. Der Redegestus des Menschen führt mit Nothwendigkeit darauf, die Darstellung als Benennung der Thiere durch Adam aufzufassen (Gen. 2, 20). Die Scene gehört zu dem An-

---

[1] Nach den Abbildungen könnte man auch an ein Aufstützen der Hand denken. Doch das Original läfst an dem Redegestus keinen Zweifel aufkommen.

[2] *Marriott* sieht hier den Eintritt der Schlange in das Paradies der Vernichtung der Schlange durch Paulus auf Malta, der Mittelgruppe der andern Hälfte, zur Seite gestellt. Doch kann schon deshalb nicht die Rede davon sein, weil die Schlange hier wie dort ganz nebensächlich behandelt ist. *De la Vincelle*, welcher die Scenen der andern Seite auf das Leben des Hieronymus bezog, glaubte in dem einsamen Adam sogar ein Symbol für die Einsamkeit der letzten Lebensjahre des Hieronymus gefunden zu haben.

muthigsten, was die altchristliche Kunst geschaffen hat. Leider sind wir nicht im Stande, Zeit oder gar Ort der Entstehung genauer zu bestimmen. *Grivaud de la Vincelle* gibt als Fundort die „*environs de Mayence*" an, während *Marriott* vermuthet, dafs *Denon*, der erste Besitzer des Diptychon, dasselbe mit anderen Kunstgegenständen aus Rom entführt habe. Jedenfalls gehört die Tafel, wo sie auch entstanden sein mag, zu der ersten Gruppe von *Aus'm Weerth's* Klassification christlicher Elfenbeinarbeiten, zu einer „antiker römischer Kunsttradition" angehörigen Schule[1]). In formeller Hinsicht sind auch bei diesem Schnitzwerk die Zeiten des Verfalles zu spüren. In der Zeichnung der Figuren ist bei aller Naturwahrheit im Grofsen und Ganzen mancher Fehler bemerkbar, den ein antiker Meister vermieden haben würde. Trotzdem kann man auch der technischen Leistung die Anerkennung nicht versagen. Die peinliche Sorgfalt, mit der auch die kleinsten Figuren behandelt sind, und die geschickte Gruppirung des Ganzen machen die Datirung *Westwood's* („5th. or 6th. century") unmöglich. Vielmehr müssen wir mit *Marriott* und *Kraus* in das 4. Jahrhundert hinaufgehen.

Die übrigen Elfenbeinschnitzwerke mit Adam- und Evadarstellungen, welche man hier und da noch zu der Kunst des christlichen Alterthums gerechnet hat, gehören sämmtlich einer späteren Entwicklungsperiode an. Ein äufserliches, aber sicheres Kennzeichen einer vorgerückten Zeit ist der bärtige Adamtypus. Das von *Garrucci* (tav. 447,4) abgebildete Relief von Pesaro mit der Austreibung aus dem Paradiese ist byzantinischen Ursprungs. Der gleichen

[1] Artikel „*Elfenbein*" in *Kraus*' B. E. 1 S. 402.

Klasse ist die in der Douce-Collection zu Meyrick, ehemals im Cab. Barruffaldi zu Ferrara befindliche Platte mit der Schöpfung der ersten Menschen und dem Brudermorde zuzurechnen, welche *D'Agincourt* und nach ihm *Guenebault* in das vierte Jahrhundert setzte[1]). Auch die mit den Gestalten der ersten Menschen und einer Reihe von Thieren, Greifen, Sirenen und anderen Fabelwesen verzierte Rückseite der Hälfte eines Consulardiptychon im Louvre ist sicher nicht altchristlich[2]).

[1]) *D'Agincourt*, Text zu den *Denkmälern der Sculptur* S. 11. *Guenebault*, *Dictionnaire* I p. 455. Zuerst publicirt von *Gori*, *Thesaurus veterum diptychorum* II p. 160. — *Friedrich* a. a. O. rechnet es zur Karolingischen Kunst, was ebenso unmöglich ist, wie die Ansetzung in das vierte Jahrhundert. *Didron* (*Iconographie chrét.* p. 154 Anm. 1) setzt das Elfenbein in das zwölfte oder dreizehnte Jahrhundert. Ueber der Abbildung, welche er von ihm mittheilt, ist irrthümlicherweise „*Peinture à fresque, IXe siècle*" zu lesen, ein Druckfehler, welcher sich auch in die englische Ausgabe der *Iconographie* (Uebers. v. *Millington* p. 173) eingeschlichen hat. Im Index ist die Zeichnung Nr. 48 wieder als „*ivoire romain du XII siècle*" registrirt. *Dr. Franz Büttner,* welcher nur die Abbildung bei *Didron* gesehen und nicht den Text gelesen hat, ist durch den erwähnten Druckfehler veranlafst, diese Elfenbeinplatte p. 25 als „*Mosaik zu Ravenna aus dem neunten Jahrhundert*" zu beschreiben.

[2]) Publ. in der *Gazette Archéol.* 1884 pl. 16 u. 17. Die Vorderseite mit dem Brustbilde eines Consuls, umgeben von Rankenwerk und oben und unten von einem Monogramm, dessen Auflösung nicht sicher ist — vielleicht $APEOBINJOS$ (?) — gleicht der linken Hälfte des von *Gori, Thes.* II, 11 publicirten, damals im Besitze der Familie Settala, später in dem der Trivulzi befindlichen Diptychon. Vergl. über letzteres die Elfenbeinkataloge von *Westwood* und *Kraus* und die Verzeichnisse der Consulardiptychen bei *Pulszki, the Fejervavy-Collection* und *Meyer, zwei antike Elfenbeintafeln in München*. *Meyer* erwähnt das Trivulzidiptychon als „*jetzt verschollen*". Diese Notiz veranlafste den Herausgeber des Louvrediptychon, *Héron de Villefosse,* dasselbe

Eine Modification der früheren Resultate wird durch diese Erzeugnisse der Kleinkunst nicht hervorgerufen. Eine neue Scene trat uns nur auf dem Carrand'schen

mit der einen Platte des verschollenen Trivulzidiptychon als identisch zu erklären. Jedoch ist das bedenklich. Zunächst ist die Louvreplatte eine rechte Diptychon-Hälfte, während die betreffende Platte des Trivulzidiptychon eine linke ist. Dann sind bei aller Uebereinstimmung in der Zeichnung kleine Differenzen, besonders in der Ornamentik zu bemerken. Auch in der Gröfse weichen sie von einander ab (33.15 und 36/11 cm). Die Treue der alten Abbildungen ist zwar meist nicht grofs, aber bei einem so fraglichen Punkt darf die Bemerkung *Gori's* nicht übersehen werden, dafs er das Dipt. „*accurate delineatum et exquisita diligentia expressum*" wiedergebe. Zudem war das Dipt. noch im August 1860 im Besitze der Familie Trivulzi, wo es damals von *Piper* gesehen und untersucht wurde. (*Theol. Stud. u. Krit.* 1861 p. 474.) Die zweifelhafte Möglichkeit eines Verschwindens und unerkannten Wiederauftauchens innerhalb dreier Jahre — die Platte ist seit 1863 im Louvre — zugegeben, so bleibt es doch unerklärlich, dafs Niemand von *Gori* bis *Piper* die Sculpturen der Rückseite bemerkte. Aus alledem scheint es uns wahrscheinlicher, dafs hier, wie so oft, der Rest eines zweiten Diptychon desselben Consuls vorliegt, als dafs die Platten identisch wären. — Schon ein flüchtiger Blick auf die Sculpturen der Rückseite lehrt, dafs diese auf keinen Fall mit denen der Vorderseite gleichzeitig sein können. *De Villefosse* schreibt sie den Anfängen der italien. Renaissance zu. (l. c. p. 127: „*Le faire particulièrement délicat de cette face n'appartient pas à une période de décadence; c'est au contraire l'oeuvre d'une époque de renaissance artistique et je n'hésite pas a y reconnaître un travail italien des premières années du XV siècle* ... p. 128: *c'est pendant les premières années du XV siècle, que le revers de notre diptyque a subi une transformation artistique*"; *Portheim* a. a. O. hat die letzten Worte dahin mifsverstanden, dafs D. V. blos eine Ueberarbeitung in der Renaissance annähme, wovon aber bei D. V. nirgends die Rede ist, und wovon niemals die Rede sein kann.) Doch die Vergleiche mit den Sculpturen des Doms von Orvieto, den Einfassungen der zweiten südlichen Domthür zu Florenz, den Medaillons des Vittore Pisano und Matteo de' Pasti (cf. *Alois Heiss, les médailleurs de la renaissance*) beweisen nicht

Elfenbein entgegen. Aber auch hier ist der Typus des Menschen der überall angewendete: Adam ist ein nackter Jüngling mit bartlosem Gesicht und kurzem Haar. Sonst kommt stets die alte Composition zur Darstellung: Der Baum mit der Schlange, rechts und links von ihm in gleicher Größe die Menschen, welche nur mit ihren Gesten einen genauer zu bestimmenden Moment der Sündenfallserzählung, und zwar hier überall den Uebergang von der Versuchung zur That, veranschaulichen. Wo, wie auf Lampen, der Raum für die ganze Gruppe zu beschränkt ist, erscheint nur ein Element derselben, aber in einer solchen Art der Stellung, als wenn die ganze Scene abgebildet wäre. Somit wird durch die besprochenen Gegen-

die Uebereinstimmung des Louvredipt. mit den genannten Werken, sondern machen nur den gänzlich verschiedenen Charakter beider klar. Wenn wir nach Analogien zu dieser Elfenbeinschnitzerei suchen, so kommen Werke, wie die Buchdeckel des Gebetbuches Karls des Kahlen (*Labarte, histoire des arts industriels au moyenage* I pl. 30 und 31) oder die von *Molinier (Gazette Archéologique* 1883 pl. 18 u. 19) besprochenen Elfenbeinplatten, vor allem aber die Sculpturen an dem Flabellum von Tournus in der Sammlung Carrand in Betracht. Die Art der Arbeit in Technik und Stil, die Behandlung der Landschaft, der Typus der Fabelwesen, der Thiere und besonders der Pflanzen, auch des als Ornament verwendeten Akanthusblattes, alles dies kehrt auf der Rückseite des Louvredipt. wieder. Wenn jene Sculpturen karolingisch sind, eine Annahme, welche immer mehr durchdringt (*Bode, Geschichte der deutschen Plastik, Molinier* a. a. O.), hat auch die Rückseite des Louvredipt. ihren figürlichen Schmuck in karolingischer Zeit erhalten; das plötzliche Auftauchen der Platte in Frankreich würde mit dieser Klassificirung im besten Einklang stehen. — Während des Drucks vorstehender Ausführungen erschien der Aufsatz Gräven's „*Entstellte Consulardiptychen*" (Mittheilungen des archäol. Inst. Röm. Abtheil. VII S. 204 ff.), welcher eine Bestätigung unserer Vermuthung über das Verhältnis des Louvredipt. zur Trivulziplatte enthält: *Gr.* hat sich von der Existenz des für verschollen erklärten Diptychon in der Sammlung Trivulzi überzeugen können (a. a. O. S. 205).

stände nur bestätigt, was schon die Fresken und Sarkophagreliefs lehrten. Ihre besondere Wichtigkeit liegt auf anderem Gebiete. Ebenso wie die Goldgläser liefern sie den Beweis, daſs die Adam- und Evadarstellungen nicht blos sepulcrale Bedeutung haben, und da sie zum Theil Produkte einer Provinzialindustrie sind, legen sie Zeugniſs ab für die weite Verbreitung des alten Typus und des alten Schema. Wenn Hausrath und Schmuckgegenstände aller Art, die zunächst mit Begräbniſsstätten nichts zu thun haben, mit den Bildern der Protoplasten verziert werden, so läſst sich daraus schlieſsen, daſs die gleiche Gruppe, welche in den Grabkammern zur Darstellung kam, auch zum Schmuck der Wände in den Wohnungen der Lebenden und der Gotteshäuser diente[1]). Und wenn auſserhalb Roms, nicht blos in den Rheingegenden oder in Illyrien, sondern auch in Syrien das gleiche Schema der Composition nachgewiesen wurde, so spricht das deutlich genug gegen die Geringschätzung, mit welcher man bisweilen die früheste christliche Kunstperiode als bloſse „Kunst der Katakomben" behandelt, so daſs man am liebsten diese ganze Stufe von der christlichen Kunstgeschichte ausschlösse[2]).

---

[1]) Ueber leider höchst ungenaue litterarische Zeugnisse für Adam- und Evadarstellungen in den Basiliken vergl. unten. Daſs Wände und Decken der Wohngemächer in ähnlicher Weise wie die Cubicula der Katakomben mit Malereien ausgestattet waren, beweisen die Malereien in den unter S. S. Giovanni e Paolo entdeckten Resten eines altchristlichen Wohnhauses.

[2]) *Kondakoff, histoire de l'art Byzantin* I p. 102 meint, die Typen der Katakomben hätten in der Friedenszeit der Kirche ihre Existenzberechtigung verloren, und nicht nur Malerei, sondern auch Sarkophagsculptur und Kleinkunst „*a également peu contribué au développement de l'art chrétien proprement dit.*"

Ich, Arnold Breymann, bin am 30. August 1866 zu Wolfenttel geboren. Im Hause meiner Eltern, des Pastors Carl Breymann, jetzt zu Oker am Harz, und der Frau Luise geb. Mirow, hielt ich den ersten Unterricht. Von Ostern 1876 an besuchte ı das Gymnasium meiner Vaterstadt, welches ich im Herbst 86 mit dem Zeugnis der Reife verliefs, um mich dem Studium r evangelischen Theologie zu widmen. Zunächst wandte ich ch nach Tübingen, wo ich zugleich meiner Dienstpflicht gegte. Später studirte ich an den Universitäten Berlin und ıttingen. Ich hörte während dieser Semester die Vorlesungen r Herren Professoren Dillmann, Dilthey, Häring, Harnack, ıftan, Kautzsch, Knoke, Kübel, Kugler, E. Pfleiderer, O. Pfleiderer, Schultz, Strack, Tschackert, B. Weifs, Joh. Weifs, C. v. Weizcker. Im Herbst 1890 bestand ich das erste theologische Examen 'o licentia concionandi). Darauf kehrte ich nach Berlin zurück, ı archäologische und kunstgeschichtliche Studien zu treiben, ine Lehrer waren hierin die Herren Professoren Curtius, Frey, rtwängler, Kekulé, N. Müller und die Herren Dozenten Gräf, Kalkınn und Puchstein. Aufserdem war ich Mitglied des von Herrn of. Harnack geleiteten kirchenhistorischen Seminares und Theilhmer an den Uebungen der Herren Gräf, Kalkmann und Nic. iller. Nachdem ich Berlin verlassen, setzte ich meine Studien Elternhause fort, wobei ich Herrn Professor Konrad Lange lfache Anregungen verdanke. Allen genannten Herren, insondere Herrn Professor Nic. Müller, sage ich an dieser Stelle inen aufrichtigsten Dank.